Janet Flanner · Legendäre Frauen und ein Mann

Janet Flanner

Legendäre Frauen und ein Mann

Transatlantische Portraits

Herausgegeben von
Klaus Blanc

Verlag Antje Kunstmann

Aus dem Englischen von
Angelika Felenda

Inhalt

Isadora

Wie ein auferstandener Geist betrat Isadora Duncan im Sommer 1926 wieder die Tanzbühnen der Welt. Zwei Jahrzehnte zuvor begründete ihre von außergewöhnlicher öffentlicher Resonanz begleitete Kunst eine ästhetische Renaissance, die die amerikanischen Moralvorstellungen ins Wanken und das Spießertum in Versuchung brachte. Doch Mitte der zwanziger Jahre näherte sich ihr Körper, dessen klassische Schönheit einst Griechenland nach Kansas und Kalemazoo brachte, schon dem sechsten Lebensjahrzehnt. Geistig war sie immer noch so frisch wie ein junger Lorbeerbaum, aber ihr Fleisch war, vielleicht von der Last des Ruhm, erschöpft. Sie war die letzte der drei großen weiblichen Persönlichkeiten, die unser Jahrhundert bewundert hat. Die anderen beiden, die Duse und die Bernhardt, ruhten bereits in ihren prunkvollen Staatsgruften. Nur Isadora Duncan, die jüngste, die Amerikanerin, trieb es immer noch um die Welt.

In den Vereinigten Staaten hat niemand Isadoras Platz eingenommen. Jene Leidenschaft für klassischen Tanz, die sie als erste in das Land von »Turkey in the Straw« brachte, hinterließ einige hoffnungsvolle Spuren, die aber ihr keinen Nutzen einbrachten. Eurhythmieunterricht tauchte plötzlich an Mädchenschulen auf. Jungfrauen voller Reinheit fanden sich an Sabbat-Nachmittagen in St.Marks-in-the-Bouwerie zu antikischen Reigen ums Ewige Licht ein. Seltsame Kreuzungen aus gymnastischen und spirituellen Übungen schossen in Gestalt griechischer Tanzseminare allerorten aus dem Boden. Im sommerlichen Schatten verschmolzen Übersinnliches und Fleischliches zu einem eleusischen Hokuspokus für die weibliche Jugend. Lisa, eine ihrer ersten Schülerinnen, unterrichtete in der Tanzklasse des Théâtre des Champs-Élysées. Isadoras Schwester Elizabeth, die sich ohne Isadora wahrscheinlich kaum für die Griechen interessiert hätte, leitete eine Schule für klassischen griechischen Tanz in Berlin. Ihr Bruder Raymond, der eine moderne Schule für Kunsthandwerk in Paris betrieb, trug Sandalen und sokratische Togen wie familiäre Markenzeichen. Nur Isadora besaß weder Sandalen noch Schulen. Die russische Ballettgruppe von Diaghilew, die – welche Ironie – ihre nationale Wiedergeburt Isadoras starkem Einfluß auf ihre Arbeit verdankte, brachte eine ganz neue Auffassung von Tanz nach Moskau. Nur Isadora, die Initiatorin all dieser Kräfte, blieb verborgen. Nur sie mit ihren heroischen, skulpturhaften Bewegungen wurde am Wegesrand zurückgelassen: wie eines jener herrlich verwitterten heidnischen Grabmäler, die noch immer den Heiligen Pfad zwischen Eleusis und der Stadt des Parthenons säumen.

Ihr Debüt als Künstlerin gab Isadora in unserer schlichten und in Geschmacksfragen wenig sensiblen amerikanischen Heimat, noch bevor die Zeit der halbnackten Revuegirls anbrach. Die Art von Weltoffenheit, die Amerika heute auszeichnet und auf die es stolz ist, nach der hungerte es damals. Seit Generationen von Puritanern unterdrückt, sehnte es sich nach strahlender, sichtbarer Schönheit für alle.

Ein Pariser Couturier hat einmal behauptet, die freie Kleidung der modernen Frau sei größtenteils Isadora zu verdanken. Sie war die erste Künstlerin, die ungeschnürt, barfuß und natürlich auftrat. Inmitten eines ängstlich ins Korsett gepreßten Jahrzehnts erschien sie wie eine herrlich ungestüme Minerva. Als der Klerus von ihren entblößten Waden erfuhr (ohne sie vermutlich jemals selbst zu Gesicht bekommen zu haben) verdammte er sie als gotteslästerlich. Einen Moment zögerte

Amerika, nackt und obszön einfach gleichzusetzen. Isadora brachte ihre Gaben als Griechin dar. Sie trat auf wie eine Gestalt aus dem Parthenon. Auf der ganzen Welt und vor allem in Amerika war die klassische griechische Plastik für ihre Reinheit fast berüchtigt. Die Begeisterung für hellenistische Kultur, selbst bei ungebildeten Amerikanern, brachte die Kritik zum Schweigen. Isadora war im Gewand griechischer Kunst gekommen, und mit diesem Rückhalt wurde sie zur Kultfigur.

Dies war Isadoras große Zeit. Wenn sie mit zurückgeworfenem Kopf, wildem Blick und wehender scharlachfarbener Tunika zur Musik der Marseillaise über die Bühne fegte, riß sie nicht nur die Menschen in Chicago und New York von den Sitzen, sondern auch die Besucher in den kleineren, spießigeren Städten, die bislang immer nur aufgestanden waren, um das Theater zu verlassen. Zu welcher Musik sie auch tanzte, ob zu Frankreichs »Marseillaise«, zu Chopins Walzern von salonhafter Leidenschaft oder zu den schwülen Kompositionen eines Brahms, immer gelang es ihr, Zeitgeist und nationale Klänge zu einem unvergänglichen klassischen Kunstwerk zu verschmelzen.

Belustigend und ohne Nutzen waren Isadoras Inspirationen für Menschen, die keinerlei Bedürfnis nach Inspiration verspürten. Im Theater wurden ihre Anhänger durch ihre griechische Schönheit, ihre Glieder und Gewänder, die sie aufregend modern präsentierte, in Hochstimmung versetzt, danach kehrten sie erfüllt von antikischer Erhabenheit zu ihren Fords, ihren Cowboyhüten und ihren Geschäften zurück – zu den realeren Dingen ihres fortschrittlichen Zeitalters.

Im Gegensatz zu Drama und Oper findet das Tanztheater beim Publikum weniger Anklang (außer es vereinigt alle drei Formen in sich wie beim Russischen Ballett). Dennoch tanzte Isadora nicht nur überall, sondern war in ganz Amerika und Europa heiß begehrt. Keiner ihrer Landsleute war in diesem Jahrzehnt in Europa bekannter als sie, nicht einmal Woodrow

Wilson; eine Ausnahme machten nur Charlie Chaplin und Fairbanks, die beide mittels eines Zelluloidstreifens sogar bis ins entfernteste Nest vordrangen, ohne Hollywood jemals zu verlassen. Aber Isadora trat überall persönlich auf. Sie tanzte vor Königen und Bauern. Sie tanzte vom Pazifik bis nach London, von Petersburg bis zum Schwarzen Meer, von Athen bis Paris und Berlin.

Sie kam bis nach Georgien im Kaukasus, fuhr, von Flöhen und Seuchen geplagt, in Dritter-Klasse-Abteilen, trat in obskuren Hallen vor Bauerntölpeln und vor Prinzen auf, die sie erstaunt, belehrt und bis zu einem gewissen Grad gewandelt zurückließ. Dreißig Jahre lang war ihr Leben aufregender und fantastischer als alles, was sich Zola oder Defoe für ihre Heldinnen erdacht haben. Ihre Gefährten waren die großen berühmten Talente unserer Generation – die Duse, d'Annunzio, Bakst, Sarah Bernhardt, Picabia, Brancusi, Anatole France, Comtesse Anna de Noailles, Sardou, Ellen Terry.

Drei der größten Bildhauer ihrer Zeit diente Isadoras Körper als Vorbild und beeinflußte ihre Arbeit, dennoch hinterließen sie unglücklicherweise keine Skulptur von ihr. Allein Maillol fertigte über fünfhundert Zeichnungen von Isadoras Tanz zur Siebten Symphonie von Beethoven an; Rodin folgte ihr durch ganz Europa und machte Tausende von Skizzen, die größtenteils im Musée Rodin in Paris erhalten sind. Eine seiner wertvollsten Gouachen, die sich inzwischen im Metropolitan Museum befindet, ist »La Naissance d'un Vase Greque«, zu der ihn Isadoras Körper inspirierte. Auch Bourdelle diente Isadora als Modell für eine der Hauptfiguren seiner Fresken im Théâtre des Champs-Élysées. Diese Künstler machten Isadoras Körper und ihr reizendes kleines Gesicht unsterblich. Dies war die große, fröhliche und erfolgreiche Phase ihres Lebens. Zu ihren Freunden zählten sowohl hungernde Poeten wie Millionäre. Sie ging mit sich, ihrer Kunst, ihren Illusionen, ihrer Arbeit und ihren Gefühlen verschwenderisch um, ebenso mit den

Geldmitteln anderer. Sie verschleuderte ganze Vermögen. Nachdem der Krieg in Frankreich vorbei war, hielt sie in der Rue de la Pompe am Sonntagabend Bankette ab, bei denen die Gäste kamen und gingen, wie sie wollten, sie lagerten auf niedrigen Diwans und taten sich an Champagner und Erdbeertörtchen gütlich, während Isadora, von eine Chiffonrobe kaum verhüllt, sich nach Lust und Laune erhob, um auserlesene Tänze vorzuführen. Woche für Woche kamen obskure Leute, deren Namen sie nicht einmal kannte. Sie waren wie die Motten. Einmal gab sie eine Party, die in Paris begann, in Venedig auf Touren kam und Wochen später auf einem Hausboot im Nil ihren Höhepunkt erreichte. Sie war eine Luxus-Nomadin.

Um ihre Lehren von Schönheit und Erziehung an die Jugend weiterzugeben, adoptierte und unterstützte sie im Laufe ihres Lebens etwa dreißig bis vierzig Kinder, darunter eine Gruppe kleiner Slawen, die später in der Sowjetunion auftraten. Während ihrer berühmten Gastspiele im New York Century Theatre, bei denen sie unter anderem einen klassischen Zyklus mit *Oedipus Rex* und *Antigone* aufführte, kaufte sie alle Lilien, die in Manhattan zu bekommen waren, um das Theater für die Premiere mit Berlioz' *L'Enfance du Christ* auszuschmükken. Diese Lilien, deren Duft den Zuschauern fast den Atem benahm, kosteten zweitausend Dollar. Isadoras gesamte Barschaft belief sich damals auf dreitausend Dollar. Um Mitternacht, nachdem all die braven Lilienverkäufer im Bett lagen, gab sie ein Champagner-Diner. Es kostete die restlichen tausend.

Isadora, die ein ganz unamerikanisches Gespür für Kunst, für die Gestaltung von Liebesbeziehungen, Mutterschaft, Politik und Erziehung hatte, besaß auch einen gänzlich unamerikanischen Sinn für das Grandiose.

Nachdem die Lilien verwelkt waren, saßen sie und ihre Gruppe inmitten ihres Gepäcks an dem Pier, von dem ein Schiff nach Frankreich ablegen sollte. Sie hatten weder Tickets noch Geld. Aber sie vertrauten dem Schicksal und waren entschlossen, nach Europa zurückzukehren, wo man Kunst zu würdigen wußte. Kurz bevor das Schiff ablegte, tauchte eine Schullehrerin auf, die Isadora noch nie zuvor gesehen hatte. Die Lehrerin schenkte ihr ihre gesamten Ersparnisse und Isadora fuhr ab. Da sie selbst Größe besaß, vermochte sie auch bei anderen Größe zu erwecken: eine tragische und eigentlich lästige Begabung. Immer gab es Lehrerinnen und Lilien in Isadoras Leben.

Jene drei Sommervorstellungen, die Isadora 1926 in ihrem Studio in Nizza gab, waren ihre letzten. Am Ende des folgenden Sommers war sie tot. Bei einer dieser Soiréen begleitete sie der Pianist Leo Tecktonius, bei den anderen beiden Jean Cocteau, der während ihres Tanzes Verse rezitierte. Bei allen drei Vorstellungen wurde deutlich, daß sich ihre Kunst gewandelt hatte. Sie tanzte kaum mehr, sondern stand fast starr da oder bewegte sich mit herrlich langsamen Schritten und wunderbar ruhigen Armbewegungen – suchend, tastend, entdeckend – zur Musik. Über ihr Gesicht, das sich in diese oder jene Richtung neigte, huschte der Ausdruck von tiefer Tragik, von Wissen, Liebe, Zorn und Schmerz. Auch wenn sie während der Klänge von Wagner, der Gesänge von Dante und während der anrührenden Legende des Heiligen Franziskus nur posierte, war Isadora großartig. Durch Sparsamkeit (zum erstenmal in ihrem Leben) war sie zum Äußersten gelangt. Ganz so, als wären die tänzerischen Bewegungen überflüssig geworden, hatte sie nur noch die Haltungen des Tanzes übrigbehalten.

In einem ihrer periodisch auftretenden Anfälle extravaganter Geldverachtung, und obwohl sie die große Gage dringend gebraucht hätte, lehnte sie es einst ab, in Wannamaker's Auditorium aufzutreten, da sie ihre Kunst nicht in dieser »Spießer-Atmosphäre« darbieten wollte. Sie weigerte sich, in bestimmten europäischen Theatern zu tanzen, weil dort während ihrer Auftritte Mahlzeiten serviert wurden, was das Publikum von ihrer Kunst hätte ablenken können. Schon zu Beginn ihrer Karriere weigerte sie sich, für tausend Goldmark pro Abend im Berliner »Wintergarten« aufzutreten (obwohl sie und ihre Familie Hunger litten), weil auch Tiernummern auf dem Programm standen. Während ihrer größten finanziellen Zwangslage in Paris, als sie praktisch überhaupt keine Angebote erhielt, weigerte sie sich, im Théâtre des Champs-Élysées aufzutreten, weil es ein Varieté-Theater war. Dennoch schmückte ihr Bild, in Stein geschlagen, die Fassade des Theaters, in die Bourdelle es für alle Zeiten und für jedermann sichtbar eingemeißelt hatte. Vage sprach sie davon, in Katalonien zu tanzen. Jedem, der sie kannte, erschien es ganz natürlich, daß Isadora gern in einem spanischen Schloß auftreten würde.

Der Mangel an Geld, der Isadora nie so bekümmerte wie ihre ängstlichen und hingebungsvollen Freunde, wurde während ihrer letzten Lebensjahre drängender. Trotzdem lehnte sie das Erbe in Höhe von einer viertelmillion Francs ab, das aus dem Vermögen ihres ungestümen jungen Ehemanns Jessenin stammte, jenes russischen Revolutionspoeten, mit dem sie in später und unglücklicher Ehe verbunden war. Auf dem Höhepunkt ihrer pittoresken Armut, als sie kaum wußte, woher die nächste Flasche Champagner kommen sollte (Champagner war das einzige Getränk, das sie liebte), entschieden ihre Freunde, sie solle ihre Memoiren schreiben. Damals lebte sie in einem kleinen Hotel in der Rue Delambre hinter dem Café du Dôme in Paris. Isadoras Handschrift war typisch für sie: Groß, hübsch, unlesbar, mit zwei oder drei Wörtern in einer Zeile und vier oder fünf Zeilen auf einer Seite. Während sie schrieb, türmten sich die spärlich beschrieben Seiten auf, die sie dann achtlos über den bereits mit Blättern übersäten Hotelzimmerboden wehen ließ. Doch dann, wie in all den vielen Krisen ihres Lebens, scharten sich ihre Freunde um sie, warteten mit Kisten guten Weins, guter Konversation, Abschiedsdrohungen und erneuter Zuneigung auf, lieferten ihr Szenen, Eifersüchteleien,

Erinnerungen und Streitigkeiten – kurz, die ganze Dramaturgie von Loyalität, Desillusion, Heldenverehrung, Pflicht, Ermüdung, Geduld und Hingabe, die selbst ihre platonischen Freundschaften auszeichnete – das ganze tragikomische Chaos, das das Genie im Leben normalerer Menschen auslöst. Das Buch mit dem Titel »My Life« wurde posthum veröffentlicht. Eigentlich hätte es das Geld für ihren Lebensunterhalt einbringen sollen.

Wie in ihrer Autobiographie deutlich wurde, erstarb ein wesentlicher Teil von Isadora früh, als ihre beiden angebeteten Kinder Deidre und Patrick 1913 in Neuilly auf tragische Weise ertranken. Bei dem Automobil, in dem die beiden allein gewartet hatten, lösten sich die Bremsen, und es stürzte in die Seine. Die Kinder waren aus freien Verbindungen hervorgegangen, jener Art von Beziehungen, an die Isadora zutiefst glaubte. Gleichzeitig war sie eine Verfechterin der Polyandrie und war überzeugt, die Erbmasse der Kinder könne nur profitieren, wenn jedes einen anderen, sorgfältig ausgewählten Vater habe. Auch den Verlust ihres dritten Kindes, das am Tag der Kriegserklärung geboren wurde, schrieb sie dem »Fluch der Maschine« zu, wie sie es nannte. Aufgrund eines kursierenden Gerüchts, die Deutschen würden sich Paris nähern, wurden die alten Tore des Bois de Boulogne geschlossen, und ihr Arzt blieb mit seinem Wagen im Stau von Tausenden von Automobilen hinter dem Gitter stecken. Als er schließlich an ihrem Bett eintraf, war es zu spät. Das Kind war tot. »Maschinen waren meine Feinde«, sagte sie einmal. »Sie haben meine drei Kinder getötet. Maschinen sind das Gegenteil des Menschen, da sie seine Erfindung sind. Vielleicht werde auch ich eines Tages von einer Maschine getötet.«

In einem melancholischen Augenblick prophezeite ihre Freundin Duse, Isadora würde wie Jokaste sterben. Beide Prophezeiungen haben sich erfüllt. Am 13. August 1927, bei einer Fahrt entlang der Promenade des Anglais in Nizza fand Isadora

Duncan den Tod. Sie wurde von ihrem bunten Schal stranguliert, der sich in den Rädern des Automobils verfangen hatte.

Ein paar Tage darauf hatte sich in Paris in der Rue de Rivoli eine fröhliche Menge versammelt, um den Vorbeimarsch der amerikanischen Ehrenlegion anzusehen, die gerade ihre jährliche Nachkriegsparade abhielt. Doch der Zufall wollte es, daß die Menschen als erstes den kleinen Trauerzug von Isadora Duncan zu Gesicht bekamen, der auf dem Weg zu Friedhof Père Lachaise durch die mit Fahnen geschmückte Straße kam. Ihr Sarg war mit dem berühmten purpurfarbenen Umhang bedeckt, den sie bei ihren Auftritten getragen hatte. Am Ende des Trauerzugs führte Isadoras Familie, die mit ihren radikalen Ansichten nicht einverstanden gewesen war, getreulich den imposantesten Blumenschmuck mit: einen großen malvenfarbenen Kranz der Sowjetunion mit einer Schleife, auf der zu lesen stand »Le Cœur de la Russie Pleure Isadora«. Obwohl sie einst, vor dem Kriegseintritt Amerikas, die Metropolitan Opera gemietet hatte, um die Interessen Frankreichs zu unterstützen, obwohl sie ihr Schloß in Neuilly als Lazarett zur Verfügung gestellt hatte und obwohl sie eine innige und tatkräftige Freundin der Franzosen war, hatte die französische Regierung keinen Abschiedsgruß geschickt. Und keiner ihrer französischen Freunde, die sich einst so gierig an ihrem Ruhm und ihrem Champagner gelabt hatten, begleitete den Sarg der toten Isadora.

Von all den berühmten Persönlichkeiten, die sie geliebt und gekannt hat, die einst ihr Genie und ihre Gastfreundschaft priesen, kamen nur zwei zum Aufbahrungsort nach Passy, um sich in das Kondolenzbuch einzutragen – Yvette Guilbert und der Schauspieler Lugne-Poe. Hunderte anderer setzten ihre Unterschrift auf die Seiten, aber das waren einfache, treue Unbekannte, die zumeist zufällig vorbeigekommen waren. Da Isadora Amerikanerin war, war es schmerzlich zu sehen, daß beide in Paris erscheinenden amerikanischen Zeitungen, der

Pariser *Herald* und die Chicagoer *Tribune,* keine Reporter zu ihrem Grab geschickt hatten, weil sie vermutlich mit den fröhlicheren Ereignissen um die Ehrenlegion beschäftigt waren. Daher lasen die Amerikaner am nächsten Morgen, Isadora sei von einer bemitleidenswert geringen Schar zur letzen Ruhe begleitet worden. Der offizielle Trauerzug bestand nur aus fünf Wagen, aber viertausend Menschen – Männer, Frauen, Alte, Junge aller Nationalitäten – warteten im Regen auf die Ankunft ihrer Leiche im Père Lachaise.

An irdischen Gütern hatte Isadora wahrhaft wenig zu vererben. Dennoch hatte sie ein Testament gemacht – und vergessen, es zu unterschreiben.

Ihr ganzes Leben lang war sie eine praktische Idealistin gewesen. Sie hatte ebenso bestimmte Ideale der Kunst wie der Mutterschaft und der politischen Freiheit in die Praxis umgesetzt, mit denen sich andere Leute lieber in Form von theoretischem Bücherwissen beschäftigen. Ihre Ideale von menschlicher Freiheit waren vergleichbar mit denen Platos, Shelleys oder Lord Byrons, der aufgrund seiner Überzeugungen unter dramatischen Umständen in Griechenland den Tod fand. Isadoras Ideale brachten ihr nur die Abnahme ihres Passes und die Anwesenheit der Polizei auf der Bühne des Opernhauses in Indianapolis, wo der Polizeichef das Aufrührerische und Staatsgefährdende in den Bewegungen ihrer Beine persönlich in Augenschein nahm.

Diffamiert als Sympathisantin der russischen Bolschewisten, erwiderte Isadora, sie habe von der sowjetischen Regierung nicht einmal eine Postkarte mit Nachrichten über die von ihr in Moskau betriebene Schule erhalten. Isadora hatte mit ihrer Meinung nie hinter dem Berg gehalten. Wie sie einst den Einwohnern von Boston jeglichen Geschmack absprach und sie als langweilig bezeichnete, so erklärte sie bei ihrem triumphalen Auftritt in Moskau die Kommunisten für bourgeois. Sie war unberechenbar aufrichtig und hatte einen Hang zum Paradoxen. Zu einer amerikanischen Freundin sagte sie einmal: »Alles antik Griechische hält man für erhaben. Ist dir jemals aufgefallen, wie schnell aus Griechen Römer wurden?«

Große Künstler haben etwas Tragisches an sich. Das Genie ist zu überragend, und vielleicht war es diese Größe, die Isadoras Untergang herbeigeführt hat – die grandiose Maßlosigkeit von vergänglichem Luxus und beständigen Idealen.

Ihr eigenes Heil interessierte sie nicht. Sie hatte Tausende von Freunden. Sie hatte Scheckbücher besessen, aber ihr Naturell hätte eines Staatsschatzes bedurft. Nicht umsonst riefen die jubelnden Massen sie nur beim Vornamen: so ist es auch bei Königinnen üblich, ob sie nun Katharina die Große oder Marie Antoinette hießen.

Als sie in jene Maschine stieg, die ihre letzte Feindin werden sollte, lauteten Isadoras Worte: »Je vais à la gloire!«

(1927)

Josephine Baker

Wenn Sie sich für einen oder mehrere Tage freimachen können, dann fliegen Sie doch nach Paris und verbringen einen Abend in Josephine Bakers neuer Show im Casino. Einiges davon wird Ihnen sicherlich auf dem Rückflug nicht aus dem Kopf gehen, denn die Revue enthält von allem ein bißchen, aber so gut wie keine Federn und Pelze. Wie die Show in den Folies ist sie eine der besten seit Jahren: Man sieht so viele Treppen wie in einem freudianischen Traum, exzellente, aus England importierte Tanzgruppen beiderlei Geschlechts, ein komplettes russisches Ballett, dressierte Tauben, einen lebenden Geparden, Rollschuhläufer, das hübscheste venezianische Bühnenbild des Jahrhunderts, ein wundervolles Ende des ersten Aktes, tausende herrlicher Kostüme, die vier besten Cancan-Tänzerinnen, eine aufregende Nummer, in der Miss Baker von einem Gorilla aus einem Taifun gerettet wird und schwergewichtige italienische Trapezkünstlerinnen, die auf dünnen Seilen herumturnen. Man kann sogar die Baker ausgiebig bestaunen – sicher ausgiebiger als vor fünf Jahren bei ihrem Starauftritt in den Folies, aber dennoch nicht lange genug.

Doch auch möglich, daß es Ihnen reicht, was man diesmal von Miss Baker zu sehen bekommt, denn leider ist fast eine kleine Lady aus ihr geworden. Ihr karamelfarbener Körper, der in Europa über Nacht zu einer Legende wurde, ist immer noch wunderbar, aber dünner, trainierter, und wirkt fast zivilisiert. Wenn sie ihre »Vo-deo-dos« singt, klingt ihre Stimme

immer noch wie eine Zauberflöte, die noch nichts von Mozart weiß – obwohl zu befürchten steht, daß sogar das sich mit der Zeit ändern wird. Es kursieren Gerüchte, sie möchte raffiniertere Balladen singen, und man wundert sich geradezu, daß sie nicht den Othello spielen will. Auf ihrem reizend animalischen Gesicht liegt inzwischen ein trauriger Ausdruck, der weniger von Zähmung als von aufkeimender Intelligenz zeugt.

Wundervoll kostümiert, inszeniert und choreographiert, ist sie im Casino auf dem Weg, eine sogenannte Künstlerin zu werden und hat keine Ähnlichkeit mehr mit der unbekannten Revuetänzerin, die Miguel Covarrubias entdeckt und vor ein paar Jahren bei ihrem Debüt in Paris *à poil* im Spagat mit dem Kopf nach unten hereintragen ließ. Ihren Bananengürtel, der sie in Berlin, Barcelona und Budapest zum Idol machte, hat sie weit hinter sich gelassen – aber sie ist nahe daran, zum Traummädchen des Casino de Paris zu werden. Mistinguett kann die Dinge leicht nehmen. Denn in Miss Baker hat die französische Revue offenbar endlich ihren neuen Star gefunden.

(1930)

Marlene Dietrich

Marlene Dietrichs Paris-Besuch begann mit der Bitte des Polizeipräfekten, die Stadt in Hosen zu verlassen, und endet nun damit, daß sie überall in Röcken erscheinen soll. Sie ist der süße Pfeffer, der die Leute massenweise in das bescheidene ungarische Restaurant in der Rue de Surène zieht, wo sie gewöhnlich diniert; ein bitterer Wermutstropfen ist sie nur für jene eleganten Cocktailparties, bei denen sie nicht auftaucht. Sie war die Königin auf Baron Rothschilds Ball – oder wäre es gewesen, wenn sie mit einem anderen Mann außer ihrem eigenen getanzt hätte. Bei Cecil Sorels Abschiedsvorstellung an der Comédie Française, bei der der Comte de Segur als Schauspieler debütierte, fand sie in ihrer Loge mehr Beachtung als er bei seinem Bühnenauftritt als Hannibal. Bei dem gesellschaftlichen Ereignis von Richard Taubers Konzert war ihre stumme Silhouette der wirkungsvollste Teil des Programms. Sie spricht ausgezeichnet Französisch, ist von bescheidener Art und wohnt mit Ehemann, Mutter und Kind im Trianon-Palast-Hotel in Versailles. Wenn sie in Paris ist, trägt sie alles andere als Kragen, Krawatten und Herrensakkos.

Fräulein Dietrich ist seit Jahren der erste ausländische weibliche Star, in den sich die Pariser Gesellschaft verliebt hat. Offensichtlich ist sie auch seit Christina von Schweden vor etwa dreihundert Jahren die erste Frau in Männerkleidung, auf die die Regierung wieder ein wachsames Auge geworfen hat.

(1933)

Sarah Bernhardt

Gerade hat der zehnte Todestag von Sarah Bernhardt stattgefunden. Ihr Begräbnis vor zehn Jahren war ein solches Aufgebot an Blumen, Menschenmassen und Fanatismus, daß man dergleichen seit Victor Hugos Bestattung nicht mehr gesehen hatte. Nach Sarah Bernhardts gleichsam letztem öffentlichen Auftritt standen tagelang Trauernde auf dem Friedhof an, um einen Blick auf ihre letzte Ruhestätte zu werfen, genauso wie sie früher vor den Theaterkassen Schlange gestanden hatten, um sie auf der Bühne zu bewundern. Heute noch lebt sie fort in der Achtung der Franzosen, und trotz der Tatsache, daß sie nicht mehr unter den Lebenden weilt, scheint sie eine der populärsten Gestalten des französischen Theaters zu sein. Maurice Rostand hat ihr zu Ehren gerade neunzehn sechszeilige Stanzen gereimt, die so begierig verschlungen wurden wie eine Premierenkritik. Drian hat ein Porträt von ihr beendet, für das sie ihm posthum, allein vor seinem geistigem Auge Modell saß. Fotos ihres Gesichts in allen Rollen und allen Altersstufen tauchen plötzlich in der Presse auf: Sarah bei ihrem Debüt, die häßliche, dürre Versagerin, die in Wirklichkeit Rosine hieß; Sarah im Jahr 1887 als Tosca, mit herrlich rollenden Augen und bereits der Liebling des Publikums; Sarah 1890 kniend, als Jeanne d'Arc, und 1893 in Ohnmacht fallend, als Phädra; 1900 als l'Aiglon, ihr großer Erfolg in einer Hosenrolle; Sarah 1917 am Unabhängigkeitstag irgendwo in den Vereinigten Staaten, das tragische Gesicht zurückgeneigt, in der Pose des »blutenden Frankreich« auf ei-

ner Tribüne voller amerikanischer Flaggen und kahler Köpfe. Und plötzlich, ein paar Jahre später, Sarah, der Krüppel – ein einbeiniges, rätselhaftes Geschöpf auf einer Bahre, begraben unter Perücken, Pelzen, Schleiern, Leopardenfellen und Make-up. All die künstlichen Glieder, die ihr die Hersteller zur Begutachtung schickten, sammelte sie in einem Museum und hatte vor, einen Park zu kaufen, um darin alle auszuprobieren, vergaß es aber. In ihrem Haus hielt sie in einem Käfig einen Löwen, bis der Gestank zu furchtbar wurde, dann sperrte sie Vögel in den Käfig, die nur geringfügig weniger streng rochen. Bei ihren letzten Dinner-Parties wurde sie nach ihren Gästen hereingetragen und wie eine bemalte Mumie ans Ende der Tafel plaziert, wo sie abwechselnd Angst, Scheu und Gedächtnisverlust simulierte, obwohl sie nichts vergaß und alles sah – eine erstaunliche alte Schauspielerin und eine Frau, die immer noch eine Menge Witz, Erstaunen, Rach- und Klatschsucht, und ebensoviel Verachtung wie Gier für die menschliche Komödie aufzubringen vermochte.

Im Chinchilla, mit Hahnenfedern geschmückt, war sie vor Jahren Trauzeugin bei der Hochzeit von Yvonne Printemps und Sacha Guitry. Heute sprach Guitry vermutlich für ganz Frankreich, als er sagte: »Daß man Sarah Bernhardt mit anderen Schauspielerinnen vergleicht, daß man über sie diskutiert oder sie tadelt, ist mir zutiefst verhaßt.«

(1933)

Duchesse d'Uzès

Die letzte grosse Dame des alten Frankreich, die Herzoginwitwe d'Uzès ist im Alter von sechsundachtzig Jahren in ihrem Schloß in Dampierre gestorben. Als sie starb, wurde gerade in einem anderen Flügel des Palastes ihr jüngstes Enkelkind geboren. Unter den drei letzten mächtigen Witwen war sie die tonangebende gewesen, da die anderen beiden, trotz einiger Berühmtheit für ihre Poesie und Jagdkünste, auch unter den Titeln einer Duchesse de Rohan und Duchesse de Chartres bekannt waren: die Duchesse d'Uzès hingegen war einfach »die Herzogin«, oder »die Amazone«. Sie war Leutnant der Louveterie, eines alten Titels der Wolfsjagd, für den eine Meute von Jagdhunden erforderlich war – sie hielt zwölfhundert davon. Noch eine Woche vor ihrem Tod ritt sie zur Jagd, war die erste Frau Frankreichs, die einen Führerschein erhielt, glaubte als verantwortungsvolle Aristokratin an Gott, christliche Barmherzigkeit und huldvolles Betragen und sah in ihrer Jagdausrüstung, zu der der vorschriftsmäßige Dreispitz und ein mehr ihrem persönlichen Geschmack entsprechender langflügliger Herrenkragen gehörte, wie ein Grafschaftsrichter aus dem 18. Jahrhundert aus. Sie war eine geborene Montremart, die als geistreichste der vornehmen Familien Frankreichs galt; sie selbst besaß allerdings weniger Geist als eine Menge klaren Verstands.

Wie heutzutage viele große Damen, mußte sich die Herzogin mit der Minderung ihres Vermögens abfinden. Tatsächlich bezahlte sie für alles, sogar dafür, eine altmodische Aristokratin zu sein, die in modernen Zeiten leben mußte. Wie sie es als junges Mädchen gelernt hatte, stand sie jeden Tag um halb acht auf, empfing in ihrer hauseigenen Kapelle die Kommunion und blieb dann mit dem jungen Volk bis Mitternacht auf, wie es heute üblich ist. Ihren Freunden schenkte sie ihre Zeit, den Armen Geld, und auf ihrem Pferd nahm sie sich aus wie ein Feldmarschall im Damensattel. Jemanden wie sie wird es nicht mehr geben, man wird sie vermissen und ihr nachtrauern.

(1933)

Mata Hari

Die kürzliche Verhaftung von Mme Lydia Stahl und ihre Verurteilung wegen Spionage für Rußland haben Erinnerungen an Mata Hari, die holländisch-javanische Tänzerin geweckt, deren wirklicher Name, Gertrud Margarete Zelle, weniger nach einer Jüngerin der Terpsichore, eine der griechischen Musen, als nach kreuzbravem Hausmütterchen klingt. Diese berühmteste aller modernen Spioninnen wurde im letzten Weltkrieg in Paris gefangengenommen und erschossen.

Mata Hari war eine exzentrische Frau, in deren Adern sich nördliches und südliches, holländisches und javanisches Blut mischte. Da beide Abstammungen dominierten, profitierte sie von keiner. Sie war fleißig und zuverlässig; ihr Körper und ihre Hautfarbe wirkten exotisch. Sie war nicht schön, besaß aber regelmäßige Züge, die auf der Bühne gut zur Geltung kamen. Obwohl sie in geheimem Auftrag unterwegs war, wurde sie in der Pariser Öffentlichkeit als Berufstänzerin bekannt. Bei ihren Tänzen führte sie ihre schlanken, geschmeidigen, muskulösen Glieder und ihren herrlichen Körper vor, der nackt nicht aufregender aussah als bekleidet. Dies war der Leib, der später erschossen werden sollte. Obwohl sie, vor allem nach ihrem Tod, den Ruf einer *grande amoureuse* genoß, galt ihre wahre Liebe der deutschen Regierung, und ihr blieb sie sowohl als Frau wie als Spionin treu. Als sie schließlich vor dem französischen Erschießungskommando stand, rief sie mutig: »Vive l'Allemagne!«. Es waren ihre letzten Worte.

Bereits zehn Jahre vor dem Weltkrieg erregten ihre morgendlichen Ausritte in den Bois de Boulogne beträchtliches Aufsehen. Ihre androgyne Erscheinung kam am besten auf dem Rücken eines Pferdes zur Geltung, das immer ein Apfelschimmel sein mußte. Sie bevorzugte bezaubernd altmodische Reitkleidung: Zylinder mit wehendem Schleier, einen voluminösen, in Falten gelegten Rock und eine jener eng anliegenden Jacken, wie sie vierzig Jahre zuvor Kaiserin Eugenie getragen hatte. Ihre modischere Straßenkleidung war eher auf angenehme Weise ausgefallen als schick; ihren Jacken haftete immer etwas Amazonenhaftes an; vielleicht neigte sie wegen ihres geheimen Berufes zu leicht militärischem Schnitt.

Als Tänzerin in ausgewählten Salons war sie bei wagemutigen internationalen Gastgeberinnen äußerst gefragt. Sie tanzte für die große Emma Calvé in deren Wohnung im damals vieldiskutierten neuen Gebäude des Glaskünstlers Lalique im Cour la Reine. Einer der sicherlich erstaunlichsten Auftritte Mata Haris fand in Neuilly im Garten einer amerikanischen Dame statt, die lange Zeit für ihren scharfen Verstand und ihre boshafte Ignoranz Standesfragen gegenüber berühmt war. Während die Herzoginnen starr vor Schreck die Münder aufrissen, trat die Tänzerin fast nackt auf einem gemieteten, mit türkisblauen Schabracken verhängten Zirkuspferd auf. (Eigentlich wollte sie auf einem Zirkuselefanten einreiten, was der Amerikanerin dann doch zu schwierig erschien, da hinterher Tee und Plätzchen serviert werden sollten.) Bei einem anderen, intimeren Fest, bei dem nur Frauen zugegen waren, erklärte sie sich bereit, völlig nackt aufzutreten – allerdings zu einem sehr hohen Preis, denn sie vergaß nie, daß sie käuflich war. Während ihrer Nummer, einem javanischen Kriegstanz, der mit Waffen ausgeführt wurde, vermutete sie bei einer Dame, aufgrund der großen Schuhe, daß es sich um den verkleideten Ehemann der Gastgeberin handeln müsse. Mitten im Salon hätte sie ihn fast mit ihrem Speer durchbohrt. Mutig war sie immer.

Anfangs wohnte sie im bescheidenen Hotel Balzac in der Nähe des Place de l'Étoile, doch mit steigendem Wohlstand zog sie ins Crillon um. Das besaß zwei Ausgänge, was für einen Spion immer nützlich ist – einen auf die Place de la Concorde, nicht allzu weit vom französischen Kriegsministerium entfernt, und einen auf die Rue Boissy d'Anglas, nicht weit vom Palais des französischen Präsidenten. Während ihrer Zeit im Crillon stieg Mata Hari in der Gesellschaft auf und fand große Beachtung bei Theaterpremieren und in den Cafés, die gerade en vogue waren; sie machte die Bekanntschaft des snobistischen, eleganten und etwas beschränkten Robert de Montesquiou, den die Welt später als Monsieur Charlus in Marcel Prousts berühmten und aufschlußreichen Romanen über das Leben der Pariser Vorkriegszeit kennenlernte. Diejenigen Männer, die sie am besten kannten, kannten sie am wenigsten. Das waren die jungen unglücklichen Leutnants, die sie vor und vor allem nach Ausbruch des Krieges so schamlos hereinlegte und deren Vertrauen bis heute schwer verständlich erscheint. Die Tänzerin wollte nichts anderes von ihnen als alle Informationen über das Militär, sie hingegen wollten nur eine kurze Liebesgeschichte. In Anbetracht der dramatischen Umstände war der Tauschhandel vermutlich ausgeglichen.

Mata Hari ist in die Pariser Geschichte als große Kurtisane eingegangen. Doch das war sie nicht. Eine große Kurtisane der Vorkriegszeit war traditionell eine käufliche, hübsche Frau mit enormen gesellschaftlichem Einfluß, die üblicherweise von mehreren Männern ausgehalten wurde – drei Millionären, zwei Herzögen oder einer königlichen Hoheit –, und wenn sie ihr Geschäft verstand (was gewöhnlich der Fall war), kein Privatleben und keine heimlichen Lieben hatte. Mata Hari war eine Halbweltdame der Vorkriegszeit, eine genauere professionelle Bewertung ist im vulgären Chaos heutiger käuflicher Beziehungen nicht möglich. Eine Halbweltdame war eine Prostituierte, nicht unbedingt besonders hübsch, und mit so geringem gesellschaftlichem Einfluß, daß sie sich so viel Privatleben und Liebesbeziehungen erlauben konnte, wie sie wollte. Mata Hari interessierte sich nur für eines: Spionage und absoluter Gehorsam gegenüber den deutschen Militärs.

Nach ihrer Festnahme waren die Beweise für ihre äußerst erfolgreiche geheimdienstliche Arbeit so erdrückend, daß keiner ihrer früheren hochgestellten Freunde wirklich Protest für sie einlegen konnte. Während des Krieges kamen solche Proteste bei den Kriegsgerichten ohnehin nicht häufig vor. Mata Hari wurde zum Tod durch Erschießen verurteilt. In Vincennes, einem Vorort von Paris, wurde sie von einem französischen Erschießungskommando hingerichtet. Die Legende berichtet, für ihren letzten Auftritt habe sie sich in einen erlesenen Nerzmantel gehüllt, unter dem sie nackt gewesen sei. Natalie Barney zufolge, in deren Garten am linken Seineufer sie einst halbnackt getanzt hatte, trifft das nicht zu. Mata Hari starb in einem amazonenhaften Schneiderkostüm, das eigens für diesen Anlaß angefertigt worden war, dazu trug sie ein Paar neue, weiße Handschuhe.

Der junge französische Aristokrat, der als kommandierender Offizier mit der schrecklichen Aufgabe betraut war, sagte hinterher, sie habe so still gestanden, daß ihn ein Zittern überkam, als er seinen Säbel zu Ehren der Todgeweihten hob und den Befehl gab: »Feuer!«

(1934)

Marie Curie

Der Tod von Madame Curie ging alle Nationen an. Als geborene Polin, die in Frankreich mit Radium aus Amerika arbeitete, war sie ein Beispiel strenger Wissenschaftstreue für jedes dieser Länder, für alle zivilisierten Länder. Während ihrer frühen Ehejahre habe sie die Hausarbeit erledigen müssen, sagte sie, »denn wir mußten unsere Forschungsarbeit aus eigener Tasche bezahlen. Wir arbeiteten in einem verlassenen Schuppen. Es war nur eine Holzhütte mit einem Dachfenster, durch das es manchmal hereinregnete.« Im Winter arbeiteten die armen Curies in Mänteln, um sich warm zu halten; damals waren sie sehr ineinander verliebt, eine Liebe die anhielt, genau wie die zur Chemie.

Typischerweise glaubt man heute in Amerika, Madame Curie habe das Radium entdeckt, in Frankreich wird diese Entdeckung natürlich Monsieur zugeschrieben. Vermutlich haben sie es gemeinsam entdeckt, da die beiden niemals getrennt waren, bis er 1906 auf einer Pariser Straße von einem Lastwagen überfahren und getötet wurde. Fest steht, daß der Ehemann zuerst mit Kristallen gearbeitet hat. Und keiner der Curies, sondern einer ihrer Freunde, Henri Becquerel, entdeckte die Uranstrahlung. Dennoch war es Madame Curie, die, neugierig gemacht und völlig selbständig, eine Methode zur Messung der Radioaktivität entwickelte, wie sie es nannte. Ihr Beweis, daß es sich dabei um bestimmte Eigenschaften des Atoms handelt, begründete eine neue Forschungsmethode in der Chemie, veränderte die Auffassungen des 19. Jahrhunderts und bildete die

Grundlage für alle modernen Theorien über Materie und Energie. Ihr Ehemann gab schließlich die Arbeit mit den Kristallen auf, um mit ihr an der Entdeckung des Poloniums zu arbeiten (das sie nach ihrem Heimatland benannten; Madame Sklodowska war immer eine patriotische Polin gewesen). Danach entdeckten entweder sie oder er oder beide zusammen das Radium. Hierauf bestimmte Madame das Atomgewicht von Radium und isolierte es in metallischer Form. Dafür wurde sie mit dem Nobelpreis für Chemie geehrt: Sie war die erste Frau, die in Frankreich den Posten einer Universitätsprofessorin erhielt.

Den Ruhm bezeichnete sie als Bürde, sie war fleißig, vernünftig und scheu, hatte keine Zeit für höfliches Palaver und war außerdem ihren beiden Töchtern eine gute Mutter. Eve, die jüngere, ist schön und Berufspianistin. Irene, die ältere, führt durch ihre Heirat mit dem Wissenschaftler Frédéric Joliot die Tradition der Mutter fort; heute sind die beiden ein vielversprechendes junges Forscherpaar, das auf dem Gebiet der Neutronenforschung bereits außerordentlich wichtige Entdekkungen gemacht hat.

Als die Curies heirateten, legte Madame ihre Mitgift in einem Tandem an; später fuhren sie, finanziell gesehen, auf zwei verschiedenen Rädern. Frühe Schnappschüsse zeigen sie als junge, anziehende Frau, in kurzem Rock, mit Puffärmeln und einem unglaublichen Hut, flach wie eine Laborschüssel. In späten Jahren sagte ihr Ehemann: »Egal wie schwer die Arbeit ist, selbst wenn sie aus dir einen seelenlosen Körper macht, man muß weitermachen.«

So hat es Madame Curie bis zu ihrem Tod gehalten.

(1934)

Edith Wharton

Die aristokratische Mrs. Edith Wharton, geborene Jones, kam in einem eleganten Viertel von New York gerade zu dem Zeitpunkt zur Welt, als die »Masters« ihren Streit über die Sklaverei ausfochten, der allgemein als amerikanischer Bürgerkrieg bekannt ist. Die Eltern der Romanschriftstellerin besaßen kein Talent, sie waren einfach nur Leute von Welt. In Ediths Adern rann das Blut der Rhinelanders, Stevenses, der Howes und Schermerhorns. Ihre Ahnen waren holländische Bürger, Kolonialisten und Landadlige, die im Lauf der Zeit städtische Patrizier geworden waren – Schirmherren der protestantischen Kirche und der katholischen Oper, ein strenger Familienclan, der untereinander heiratete, Winterbälle besuchte, in bestimmten eleganten Seebädern der Ostküste den Ton angab und Lebenszeichen aus weiter westlich gelegenen Gebieten nicht wahrnahm. Ihrer Herkunft nach waren sie holländisch und britisch, die einzige Art des Amerikanertums, die sie kannten. In dieser Umgebung machte die kleine Miss Jones ihre ersten Schritte, ein Lebensabschnitt, den Mrs. Wharton später als das Alter der Unschuld bezeichnete: Eine starre Hierarchie männlichen Geldes, weiblicher Bescheidenheit und Tugend.

Sich in der Spitzenklasse der Gesellschaft zu bewegen, bedeutete damals tatsächlich sehr wenig Bewegungsfreiheit. Die weitere Umgebung von Newport war als Sommeraufenthalt noch nicht entdeckt worden, obwohl Brautpaare gelegentlich vornehme Auslandsreisen unternahmen oder reiche Witwen dem Modehaus Worth in Paris einen Besuch abstatteten. Glücklicherweise wurde die ungeduldige Autorin als Kind wiederholt nach Europa geschickt, wo sie von Gouvernanten in Französisch, Deutsch und Italienisch unterrichtet wurde. Etwas, das dem Englischen sehr nahe kam, hatte sie bereits in ihrem strengen amerikanischen Elternhaus erlernt. Auf diese Weise wurde jene Mrs. Wharton in die Welt eingeführt. Bei ihrer jeweiligen Rückkehr aus Europa entging ihrem kritischen Blick schon in jungen Jahren nicht, wie ausgeprägt amerikanisch ihre Heimatstadt New York war. Ihre älteren Geschwister nannten sie bereits damals »diese hübsche, lästige, kleine Pussy Jones, die immer am Kritzeln ist«. Ihr erstes Manuskript, das die Öffentlichkeit erreichte, war ein Gedicht, das sie im Alter von fünfzehn Jahren bei einem kirchlichen Wohltätigkeitsfest verkaufte.

Ihren strengsten Kritikern zufolge schwankte sie in den folgenden fünfzig Jahren, jeweils unfehlbar scheiternd, zwischen zwei Karrieren: Der einer großen Gesellschaftsdame und der einer großen Schriftstellerin. Obwohl sie sich auf der ganzen Welt an verschiedenen Orten immer wieder elegante Niederlassungen schuf, litt sie beständig darunter, eine Außenseiterin zu sein – selbst als bekannte Schriftstellerin in ihrer Geburtsstadt. Denn wenn Boston, wo sie sich verheiratet hatte, ihr nie verzieh, aus New York zu stammen, vergab New York ihr nicht, eine New Yorkerin zu sein, die über ihre Stadt schrieb.

Daß sie als eine der ersten talentierten Frauen ihrer Schicht berufstätig war, hätte man ihr mit wachsendem Ruhm vielleicht vergeben können, wenn Mrs. Wharton nicht ihre frevelhafte Fähigkeit entdeckt hätte, ihre Umgebung als Romanvorlage zu benutzen. Obwohl Thackerays »Vanity Fair« angeblich das Vorbild für ihren Roman »House of Mirth« war, hatten viele ihrer Zeitgenossen den Eindruck, sie hätten für zu viele der Porträts Modell gesessen. So erkannte man in »The Age of

Innocence« gewisse Charaktere, die in dem Roman als Ehebrecher oder üble Finanzhaie gebrandmarkt wurden, ganz deutlich als den einen oder anderen honorigen Bürger, Heuchler oder Versager aus der Gesellschaft der Oberen Vierhundert – denn alle waren getreulich nach dem wirklichen Leben abgebildet. Die einzig positive Identifikationsfigur, die das Buch bot, war die traurige, liebenswerte und tugendhafte Heldin Newland Archer; sie konnte die Gesellschaft zwar nicht versöhnen, machte aber unmißverständlich klar, daß Mrs. Wharton sich dabei selbst zum Vorbild genommen hatte.

Denn wie bei vielen Romanautoren war Mrs. Wharton selbst der Gegenstand ihrer Arbeit. Freunde oder andere Personen, die in ihre Romane eingingen, dienten nur zur Veranschaulichung von Prinzipien. Sie dienten nur als Illustration ihrer historisch genauen Darstellungen bestimmter Lebens- und Denkweisen, die oft genug (denn sie war Moralistin) entmutigend waren. Denn sie und ihre Romanfiguren schienen nur allzu bereitwillig der unseligen Anweisung Henry James' zu folgen, die er ihr einst zum Trost ihres privaten Unglücks gegeben hatte: »Fahren Sie fort, die Bewegungen des Lebens nachzuahmen.« All die von ihr geschaffenen Helden und Heldinnen, die unter ihrer Ägide zusammengeführt und zuweilen verbunden wurden, hielten sich an diese Regel, vielleicht mit gleicher Freudlosigkeit wie sie selbst. Ihre Bücher sind voll von geistreichen Leuten, deren Intelligenz, deren Besitz oder deren Scheidungen nur noch Tragödien waren. Die Taten dieser Menschen wurden damals nicht als notwendige Symptome sich wandelnder Moralvorstellungen begriffen, nicht einmal als etwas Neues, sondern als reine Verfallserscheinung. So verwandte sie ihre frühen Talente auf den Beweis, daß soziale Sünden mit gesellschaftlichem Tod bestraft werden, und mußte erleben, wie sich die Enkel ihrer Romanfiguren problemlos und von niemandem geächtet, mit offenen Skandalen abfanden.

Obwohl sie die erste war, die die Auflösung der starren amerikanischen Gesellschaft thematisierte, war Mrs. Wharton die letzte, die sie verstand. Sie konzentrierte sich auf die Handlung und verfehlte die Pointe. Zur Sittlichkeit erzogen, ignorierte sie die Sinne. Obwohl ihre Heldin Lily Bart Drogen nahm, war sie nicht das Opfer ihres Lasters. Denn ihre nächtliche Dosis hatte keine unwiderstehlichen Baudelaireschen Visionen zum Ziel, sondern sie schluckte sie, wie man etwa Aspirin einnimmt, um einzuschlafen oder eine Erkältung abzuwenden. Mrs. Wharton beschrieb eine Krankenschwester, die zur Mörderin wurde, aber der Mord geschah aus ethischen Motiven, nicht aus Leidenschaft, um den heimlich geliebten Ehemann für sich zu ergattern. Sie beschäftigte sich sogar mit der arbeitenden Klasse, jedoch in Form eines Bankiers, der seine Sekretärin zum Essen ausführt – nichts weiter als ein Ausflug in eine andere gesellschaftliche Schicht.

Diese Empfindungslosigkeit verhalf ihr zu einem Erfolg, der nach dem Erscheinen von »House of Mirth« unter dem Titel »Chez les Heureux de ce Monde« bei den leidenschaftlicheren Franzosen zum Teil höfliches Staunen auslöste. Aber »Ethan Frome«, ein Werk, das nach dem Triumph in Amerika als »Sous la Neige« veröffentlicht wurde, wurde im Ausland zurecht als Hauptwerk von genügender Qualität gepriesen, um eine billige Ausgabe zu rechtfertigen und auf eine Stufe mit den auf dem Lande spielenden Tragödien von Balzac und Zola gestellt zu werden. In dieser in Neuengland spielenden Erzählung, einer kleinen Skizze tragischen, ländlichen Lebens, die die sommerliche Besucherin auf dem Rückweg in die Stadt gemächlich ausmalt, beschrieb die weltläufige Mrs. Wharton die Traurigkeit des Schnees auf unsterbliche Weise. Im Alter von dreißig Jahren wurde sie bereits als kalt, wenn auch hübsch bezeichnet. Damals lebte sie im eleganten Lenox, wo die Erde nach den vielen Wintern eine Eisigkeit bewahrt, die kein Frühling aufzutauen vermag.

Obwohl sie weitere vierzig Jahre damit verbrachte, über menschliche Beziehungen zu schreiben, erreichte sie erst durch die Freundschaft mit Henry James ihre literarische Reife. Diese platonische Freundschaft entbehrte zwar nicht einer gewissen Förmlichkeit, enthielt aber all die Wärme, die in ihrem schriftstellerischen Werk nicht zum Ausdruck kam. Ganz so, als wollte sie sich auf ihr künftiges freiwilliges Exil vorbereiten, unterstellte sie sich zuerst seiner schriftlichen Anleitung, um später dem persönlichen Zauber des größten im Ausland lebenden Schriftstellers ihres Landes zu verfallen. Zum Nachteil von Mrs. Humphrey Ward, erwählte er sie zu seiner Lieblingsschülerin. Fern von ihr, in Rye, bezeichnete er sie in seinen Briefen als »Dearest Edith«, und wenn er bei ihr war, führte er sie an exakt abgewinkeltem Arm in »seinem« London herum. Für die korrekte, akribische Schriftstellerin Mrs. Wharton waren die Zuneigung und die Anerkennung des korrekten, akribischen Henry James der wirkliche Lorbeerkranz, den sie bescheiden auf ihrem wundervoll frisierten Kopf trug. Ihre Freundschaft, die größte und wertvollste Liebe ihres Lebens, erstreckte sich über lange Jahre; im Automobil unternahmen sie zusammen mit anderen Freunden Ausflüge auf den Kontinent; doch die waren immer kürzer als die langen charmanten Briefe, in denen diese Exkursionen vorbereitet, besprochen, verschoben und schließlich nachbereitet wurden. In der grandiosen Villa Medici außerhalb von Florenz gab es für die Whartons, Jameses und andere erlesene Geister sogar eine Party. Wenn danach selbst dieser erfahrene Mann erschöpft war und verschwand, hatte sie immer noch ihre berühmte runde Bibliothek in der Rue de Varenne, in der sich, inmitten seiner vielen Werke, die Marmorbüste des Freundes und Autors befand: des amerikanischen Meistererzählers Henry James.

In diesem aristokratischen Pariser Wohnviertel nahm Mrs. Wharton vor mehr als einem Dutzend Jahren ihr Leben in der Fremde auf. Nur zweimal kehrte sie nach Amerika zurück, einmal, um an einer Hochzeit teilzunehmen, das andere Mal, um sich zehn Tage ins Hotel Régis zurückzuziehen, wo sie sich auf die Überreichung der von der Universität Yale verliehenen Ehrendoktorwürde vorbereitete. Ihr Rückzug aus Amerika war ihre amerikanischste Tat. New York und Boston hatten sie überstrapaziert, hieß es, außerdem habe man sich dort immer geweigert, sie zu akzeptieren. Schon früh war sie mit einem der Sprößlinge Bostons eine Verbindung eingegangen, die der damaligen Beschränktheit gemäß als brillant oder angemessen angesehen wurde (eine Verbindung, die später auf legalem Weg getrennt werden mußte). Mr. Edward Wharton war der hübscheste Harvard-Absolvent des Jahres 1873 und gehörte zu einer Gruppe von Männern, die nicht zuletzt wegen ihrer männlichen Backenbärte graduiert wurden; aber seine Frau stammte aus der Familie der aristokratischen Rhinelanders, schrieb Bücher und hatte in Paris gelebt. In Boston wurde sie als leichtlebig angesehen.

Also startete sie schließlich von der Rue de Varenne aus ihren eigenen Eroberungsfeldzug auf den *Faubourg,* wobei sie nur von ihrer Mutter, einer geborenen Lucretia Rhinelander begleitet wurde, die zu ihrer Zeit eine unnachsichtige Gastgeberin gewesen war, sich aber von der Art, in der Newport sich entwickelte, abgestoßen fühlte. Vielleicht war Mrs. Wharton sogar für den *Faubourg* zu formell. So beklagte sich eine Herzogin: »On est trop organisé chez elle. Im Haus von Madame Wharton darf man nicht einmal seinen Schirm vergessen, ohne dafür bestraft zu werden.«

Später, im Zuge ihrer kontinentalen Expansion, kaufte sie sich in der Nähe von Hyères am Mittelmeer ein reizendes Zisterzienserkloster, in dem sie den Sommer verbrachte. Schließlich erwarb sie als ständigen Wohnsitz eine Villa aus dem 18. Jahrhundert, den Pavillon Colombe in Saint-Brice-sous-Forte, etwa achtzig Kilometer von Paris entfernt. Hier versammelte sie ihr halbes Dutzend adoptierter Kriegswaisen, das von den sechshundert übriggeblieben war, denen sie während des Krieges Unterkunft gewährt hatte, und widmete sich den kleinen belgischen und französischen Flüchtlingen mit einem Patriotismus, dessen nur eine Amerikanerin fähig ist, die keine Kinder mag. Für diese großartige Leistung wurde sie vom belgischen König ausgezeichnet und von den Franzosen zum Offizier der Ehrenlegion ernannt.

Während ihrer letzten Lebensjahre war sie eine sehr würdevolle, hübsche New Yorkerin gereiften Alters, die sich in die Einsamkeit eines französischen Landhauses zurückgezogen hatte. Ihr Pavillon war durchaus geschaffen für jemanden, der sich sein Leben lang nur mit den Leidenschaften anderer befaßt hatte. Das Gebäude war das, was man im Französischen liebevoll als eine *folie* bezeichnet; ein verliebter Bankier hatte es für seine Mätressen errichten lassen, zwei Schwestern, deren gurrende Zärtlichkeit dem Haus den Namen gab. Es wurde erlesen und stilgerecht renoviert, denn Mrs. Wharton kannte sich in den Epochen aus, und die Architektur war seit langem ihr Steckenpferd. Bei der Innenausstattung ging sie ebenso sorgfältig vor. Zwanzig Jahre lang suchte sie eine bestimmte chinesische Chippendale-Tapete, von deren Original sie ein Fragment besaß.

In allen Bereichen des Lebens legte sie eine Akkuratesse an den Tag, deren nur sie fähig war. Ihre Tage verliefen nach einem genauen Zeitplan. Die Morgenstunden waren dem Schreiben vorbehalten, die Nachmittage Spaziergängen mit ihren kleinen Hunden, oder sie widmete sich der Gartenarbeit, die sie liebte und mit der sie sich auskannte. Von all ihrem Besitz waren ihre Blumen das Bemerkenswerteste. Ihr Weißer Garten in Lenox war berühmt. Da sie eigenes Vermögen besaß, konnte sie die Einkünfte aus ihren Büchern für Blumen verwenden. Und sie reiste. In einer Limousine lernte sie Frankreich, Italien und Spanien kennen. Von Worth wurde sie elegant, aber dezent eingekleidet. Als sie Worth einmal um ein passendes, schickes schwarzes Nachmittagskleid bat, bot er ihr ohne zu zögern ein Modell namens *Resignation* an. In ihrer Eigenschaft als formelle Gastgeberin war sie eher höflich als herzlich. Das Rauchen gab sie schließlich auf, drängte aber nach alter Sitte den Herren nach dem Dinner eine Zigarre auf. Die Fleischgerichte ihres Tisches waren erlesen und wurden perfekt serviert, die Weine hingegen, aus denen sie sich nichts machte, wurden vom Butler ausgewählt und waren weniger erstklassig – zumindest nach Aussage der zigarrerauchenden Herren. Ihre alte französische Haushälterin, die schon Mrs.Whartons Kindermädchen gewesen war, regierte im Untergeschoß, hatte aber auch Einfluß auf ihre Herrin im oberen Stockwerk. Alle Bediensteten, so berichtet die Legende, sprachen sich ausschließlich mit »Monsieur« und »Madame« an.

Sie hatte nur wenige, aber lange andauernde Freundschaften. Loyalität ihren Freunden gegenüber war eine ihrer Charaktereigenschaften. In ihren letzten Lebensjahren waren viele ihrer New Yorker Vertrauten entweder verstorben oder nach Southampton verzogen. Die engste Verbindung zu ihrem Land bestand durch ihre Schwägerin und lebenslange Freundin Mrs. Cadwalader Jones. Nach ihrer Übersiedlung nach Frankreich zählten die Princesse de Poix, das Ehepaar Bourget und einige der vornehmen Noailles zu ihren Freunden – nach dem Krieg auch der Comte und die Comtesse de Beaumont und einige subtile Kenner auf dem Gebiet der Archäologie und Gartenbaukunst, für die sie eine rührende Zuneigung hegte. Als Leserin verschlang sie alles. Unter den jüngeren Schriftstellern nahm sie den inzwischen verstorbenen Geoffrey Scott, Berenson, den florentinischen Kunstkritiker, Percy Lubbock und andere in ihren Kreis auf. Auch von Scott Fitzgerald sprach sie anerkennend. Während ihrer letzten zurückgezogenen Jahre zählte schließlich auch Louis Bromfield zu ihrem Freundeskreis, der ihr Nachbar war und als Schriftsteller und Gartenliebhaber ihre Interessen teilte.

Im übrigen befand sie sich in einer Gesellschaft, in der die Kunst der Konversation verlorengegangen war. Sie war eine würdevolle kleine Frau, die völlig in ihrer Vergangenheit lebte. Schon in jüngeren Jahren, behauptete sie, habe sie vermutlich wie ein Taftsofa unter einem gasbeleuchteten Kandelaber gewirkt. Sicherlich war sie altmodisch darin, daß sie ihre Noblesse für bestimmte Gelegenheiten reservierte. Ihre Überzeugungen waren nicht radikal, aber durch Reflexion war sie liberal geworden. Mit bemerkenswerter Nachsicht setzte sie sich über Situationen hinweg, zu der andere Frauen kaum fähig gewesen wären. Nachdem sie jahrelang im Ausland gelebt hatte, bedauerte sie eher die Touristen aus ihrer Heimat, die das Baptisterium in Parma mit dem Bahnhof verwechselten.

Während ihrer langen Schriftstellerkarriere veröffentlichte Mrs. Wharton ein halbes Hundert Kurzgeschichten, übersetzte Sudermann, schrieb Bücher über italienische Gärten und italienische Kunst, ein Werk über Marokko, drei Bücher über Frankreich, eine der besten Arbeiten über den Krieg in Frankreich, einen Gedichtband und mehrere Dutzend Romane. »The Age of Innocence« brachte ihr den Pulitzer Preis ein, und sie war die einzige Frau, die vom National Institute of Arts and Letters eine Goldmedaille verliehen bekam. Indem sie über die Verfehlungen der Gesellschaft schrieb, gab Mrs. Wharton dem Publikum, was es wollte, und seit dem Erscheinen von »House of Mirth« 1905, wurde jeder ihrer Romane ein Bestseller. Ihre Einkünfte wurden auf etwa fünfundsiebzigtausend Dollar im Jahr geschätzt, wobei ein großer Teil ihres Einkommens von Zeitschriften stammte, bei deren weiblicher Leserschaft sie immer außerordentlich beliebt war. 1929 verkaufte sie die Bühnen- und Filmrechte ihres langjährigen Erfolgsromans »The Age of Innocence«, von dem man annahm, daß es zum wichtigsten Stück des Jahres am Broadway werden würde. Von ihrem damals neuen Roman »The Children« wurden ebenfalls die Filmrechte verkauft, er wurde Buch des Monats und erreichte eine verkaufte Auflage von zweihunderttausend Exemplaren.

Kurz vor ihrem Tod arbeitete sie an einem Werk, das größer angelegt war als alle ihre vorhergehenden Romane; es sollte den Titel »The Buccaneers« tragen und erzählte eine Geschichte aus den siebziger Jahren des vorigen Jahrhunderts, die den Kampf von vier amerikanischen jungen Damen gegen die englische Aristokratie schildert. Nach Mrs. Whartons Tod am 11. August 1937 in Saint-Brice stellte sich heraus, daß sie ihre Korrespondenz und ihren biographischen Nachlaß der Bibliothek von Yale vermacht hatte, weil ihr der Doktortitel, den ihr die Universität verliehen hatte, von allen Auszeichnungen die liebste war.

Dreißig Jahre lang wurde das enorme schriftstellerische Werk Mrs. Whartons, abgesehen von einer Ausnahme, von den beiden Verlagen Scribner und Appleton veröffentlicht, denn sie war keine Anhängerin hastiger Veränderungen. Nach Ansicht ihrer Verleger war sie der Öffentlichkeit gegenüber immer feindlich gesonnen, und das übliche Pressefoto für ihre Leserschaft zeigte sie dekolletiert und mit Perlen behängt, aufgemacht wie für einen Ball.

Mrs. Whartons wirkliche Vorzüge wurden jedoch nie öffentlich. Sogar diejenigen, die sie am meisten liebten, entdeckten ihre besten Eigenschaften nur rein zufällig. Man hielt sie für kalt. Doch ein Akkord von Bach vermochte sie einst an den ein halbes Jahrhundert zurückliegenden Augenblick mit einer Frau erinnern, die ihre liebste Freundin werden sollte. Nachdem Mrs. Wharton im sommerlichen Sonnenaufgang ihre Rosen geschnitten hatte, schrieb sie an diese Frau, die volle Blütenschönheit dieser Blumen erinnere sie zärtlich an ihre gemeinsame Freundschaft. Mrs. Wharton besaß die zarten und zurückhaltenden Gefühle der wirklichen Literatin. Von vielen hatte sie den Titel »Dearest Edith« verliehen bekommen, und sie selbst hatte lange vor ihrem Tod das erreicht, was sie auf ihrem Grabstein verewigen wollte: »Sie war eine Freundin von Henry James«.

(1937)

Thomas Mann
Goethe in Hollywood

VIERZIG JAHRE LANG HAT Thomas Mann es erduldet, bereits zu Lebzeiten mit Worten beschrieben zu werden, die gewöhnlich berühmten Toten vorbehalten sind. In einem halben Dutzend Sprachen rühmte man ihn als Genie, als modernen Klassiker, Deutschlands erlauchtesten Romanschriftsteller, und gelegentlich rechnete man ihn sogar zu den unsterblichen literarischen Persönlichkeiten. Die Buchkritiker von London, der einzigen literarischen Hochburg, die er nicht erobert hat, haben ihn weniger huldreich als »schweres Wetter« bezeichnet. Bevor Hitler die Verbrennung von Manns politischen Büchern befahl, hatten deutsche Wortführer mit der ihnen eigenen Vorliebe für Erhabenheit Manns belletristisches Werk feierlich in den Rang des »Faust«, der »Göttlichen Komödie« und, als höchste Anerkennung, auf die Stufe von Beethovens Neunter Symphonie erhoben. Vor ein paar Monaten ordnete ihn ein nationalsozialistischer Rundfunkkommentator schlicht unter die Kategorie »degenerierte westliche Literatur« ein. Von Alfred Knopf, seinem New Yorker Verleger, wird Mann als der größte lebende »man of letters« präsentiert, ein sorgsam ausgedachter Verkaufs-Slogan mit elegantem, stilistisch ausgefeiltem Beiklang, der zu einem Monument der Öffentlichkeit paßt. Für Manns wenige Freunde, deren Zahl geringer ist als die Mitglieder seiner großen Familie, steht unverbrüchlich fest, »daß man mit der Achtung von ihm spricht, die er verdient«. Also reden sie ehrfurchtsvoll über ihn, obwohl sie ihn gleichzeitig Tommy nennen. Seine sechs Kinder bezeichnen ihn außerhalb seiner Hörweite ungeniert als den Meister.

Thomas Mann, der inzwischen sechsundsechzig Jahre alt ist und sein einunddreißigstes Buch schreibt, begann genau der zu sein, der er heute ist, als er fünfundzwanzig war und gerade seinen ersten Roman fertiggestellt hatte. Bei ihm scheinen Jugend und Alter, sowohl was sein Denken wie sein Aussehen angeht, seltsamerweise austauschbar zu sein, weil seine Arbeit und seine Physiognomie von Anfang an ausgereift waren und bis heute in tadelloser Verfassung sind. Manns erstes Werk »Die Buddenbrooks«, ein zweibändiges, eine viertelmillion Wörter umfassendes Opus, das den traurigen Niedergang von drei Generationen des reichen Mann'schen Handelsgeschlechts schildert, wurde von dem jungen Autor zur privaten Unterhaltung verfaßt: er las es seiner inzwischen weniger wohlhabenden Familie vor, um sie nach dem Abendessen zu amüsieren. Doch jene bedrückende Gewißheit sozialer Unsicherheit, die diese Familie Buddenbrook verspürte, war ein Gefühl, das am Ende des 19. Jahrhunderts im ganzen industrialisierten Europa verbreitet war, und das machte den Roman in Deutschland zum ersten verstörenden Klassiker des 20. Jahrhunderts. Die Verkaufszahlen schnellten auf 1 300 000 Exemplare hinauf, und nach Remarques »Im Westen nichts Neues« wurde der Roman »Die Buddenbrooks« zum größten europäischen Verkaufserfolg der Vor-Hitler-Ära. »Es war der Ruhm«, stellte Thomas Mann in seinem vor ein paar Jahren im Privatdruck erschienen »Lebensabriss« fest, in dem er sich eines literarischen Mittels bedient, das er schon als junger Mann erfunden hatte: eine mikroskopische Selbstbetrachtung, die ihm gestattet, sich in umso größerer Objektivität wahrzunehmen. »Ich wurde in einen Erfolgstrubel gerissen. Meine Post schwoll an, das Geld strömte herzu, mein Bild lief durch die illustrierten Blätter, hundert Federn versuchten sich an dem Erzeugnis meiner scheuen Einsamkeit, die Welt umarmte mich unter Lobeserhebungen und Glückwünschen ... Die Gesellschaft nahm mich auf – soweit ich mich aufnehmen ließ; die Gesellschaft ist in diesen Bestrebungen nie sehr erfolgreich gewesen.«

Sicher, Mann ist ein Einsiedler, wenn auch ein eleganter. Sogar seine Kinder sahen ihn, als sie klein waren, nur selten. Für sie war er unsichtbar wie der Geruch nach Leder und Leim, der den edel gebundenen Werken in seinem Arbeitszimmer entströmte, und der Rauch seiner teuren, leichten Zigarren. Inmitten des prallen Lebens, in das er hineingeboren wurde, das auch nach seiner Heirat wieder einsetzte und über das er schreibt, hat er sich dennoch immer eine Sphäre klösterlicher Abgeschiedenheit bewahrt. Um seine herausragende soziale Position hat er nie ein Aufheben gemacht, da diese ihm schlicht selbstverständlich war. Er wurde als Patriziersohn geboren. Im 17. Jahrhundert übersiedelte die Familie Mann, in Nürnberg ansässige, wohlhabende, erfolgreiche Tuchhändler, nach Lübeck, wo sie als Getreidehändler zu noch größerem Wohlstand kamen. Hundert herrliche Jahre lang bewohnten sie Herrenhäuser, aßen an reichgedeckten, prächtigen Tischen und wurden Senatoren und Konsuln. Ihr kommerzieller Niedergang bestand am Ende nicht nur im Verlust des Geschäftes, sondern ebenso darin, daß sie bloß literarische Ableger hervorbrachten, Thomas und seinen älteren Bruder Heinrich. Dieser Bruch in der Ahnenreihe hat Heinrich jedoch, der mehr nach seiner lateinamerikanischen Mutter geriet, weniger Ruhm, aber vielleicht mehr Vergnügen eingebracht als Thomas, der mehr dem Mannschen Geschlecht nachschlug. Thomas Mann war von seinem eigenen Talent so schockiert, als wäre er einer seiner konservativen hanseatischen Vorfahren. Von Anfang an betrachtete er seine eigene wie jede künstlerische Begabung überhaupt als verdächtige, ungesunde Abweichung vom Ideal solider Bürgerlichkeit und hielt den großen Künstler – Goethe, Wagner, einschließlich sich selbst – für eine einzigartige Mischung aus sozialem Paria und Retter der Zivilisation mit einem Beigeschmack von Scharlatanerie. Der ästhetischen Verfeinerung dieser Mischung hat er sich sein Leben lang gewidmet.

Äußerlich erscheint Thomas Mann auf beeindruckende Weise altmodisch. Ein respektloser Pressefotograf hat einmal behauptet, Thomas Mann sehe aus wie ein schön geschnitzter alter Spazierstock. Sein Gesicht hat etwas von der hölzernen Kantigkeit einer Museumsskulptur. In seinen exakt geschneiderten Tweed-Anzügen bewegt er sich mit der korrekt aufrechten Steifheit vergangener Generationen. Seine Manieren sind vorbildlich. Fremde, die sein Auftreten beängstigt, halten ihn für ein Ungeheuer an Höflichkeit. Er trägt eine freundliche, aber einschüchternd überkultivierte Oberfläche zur Schau, die zum einen das Produkt seines Charakters, zum anderen beabsichtigte Wirkung ist. Dahinter verbirgt sich sein inneres Selbst, das zuweilen in äußerem Interesse aufblitzt und gelegentlich im sanften Klang seines norddeutschen Baritons zum Vorschein kommt. Bei Unterhaltungen (er spricht nicht viel, zuweilen doziert er) besteht sein Beitrag manchmal aus einem trägen, melodischen Lachen, das an einen gutmütigen, ein wenig überheblichen Kobold erinnert, der humorvolle Zwischentöne vernommen hat, die den abgestumpfteren Ohren der restlichen Gesellschaft entgangen sind. Gute Bekannte jedoch wissen um die Zuneigung und Loyalität, die sich hinter den höflichen Gesten und der Schweigsamkeit verbergen. Wenn nötig, wächst er über sich selbst hinaus und zeigt die liebenswürdigste Hilfsbereitschaft. Jedoch scheint Thomas Mann bei all seiner komplexen Persönlichkeit keine Spur von Zwanglosigkeit zu besitzen. Was seine Gemütsverfassung betrifft, so ist er melancholisch, ironisch, von lastender Schwere und heiterer Gelassenheit zugleich. Mit seinem angeborenen Pessimismus hat er sich ausgesöhnt. Er hat keine Glaubensüberzeugung, aber vor kurzem hat er bei einer Rundreise seine Vorträge mit einem Hauch von Christlichkeit angereichert.

Bei seinem tiefgehenden Interesse am Schicksal der Menschheit hätte er, wenn er gläubig wäre, ein religiöser Schriftsteller werden können. Intellektuell gesehen, ist er ein Mensch von absoluter Integrität; er ist vorsichtig, konservativ, egozentrisch und neugierig. Anstehende Entscheidungen umkreist er langsam, machmal geht er sie bewußt von einer anderen Seite an; er denkt nur über Dinge nach, die ihn immer wieder beschäftigen, seine Gedanken werden durch die Vergangenheit beherrscht, und auf gewinnbringende Weise leidet er an absolutem Erinnerungsvermögen. In gesellschaftlicher Hinsicht, sowohl als Europäer der Oberklasse wie als empfindsames Individuum, steht er weltlichem Prunk skeptisch, aber nicht gleichgültig gegenüber. Im vertrauteren Umgang zieht er gewöhnlich Leute mit bürgerlichem Hintergrund vor. Als junger Intellektueller sah er nicht ein, warum Poeten nicht auf traditionelle Weise elegant sein sollten; die Bohème lehnte er als unordentlich ab, gleichzeitig war er ein Tagträumer, faul, eitel, reizbar und verächtlich, eher offen für Eindrücke als leidenschaftlich und mitteilsam. Heutzutage nicht die schlechtesten Eigenschaften. All dies verleiht Manns Charakter etwas Ehrfurchtgebietendes und läßt ihn wie eine riesige, fremd anmutende, ferne Gestalt erscheinen.

Thomas Mann hat vierzig Jahre damit verbracht, Charaktere auf dem Papier zu entwickeln und ist im großen und ganzen an Menschen aus Fleisch und Blut nicht interessiert. Für ihn sind sie eher Vorbilder als sterbliche Wesen. Namen und Gesichter vergißt er gleichermaßen; so fragte er eine zum Dinner eingeladene Dame nochmals höflich, ob sie verheiratet sei, erinnerte sich aber merkwürdigerweise an einen Ring, den sie ein Jahr zuvor an der rechten Hand trug. Er selbst hat bemerkenswert schön geformte Hände, und seine Bücher enthalten oft Beschreibungen wohlgeformter Fingernägel. Über eine hübsche junge Frau, die das erstemal an seinem Münchner Familientisch saß, bemerkte er mit der zerstreuten Abwesenheit des Schriftstellers, der über ein literarisches Problem spricht, zu seiner Tochter: »Wenn deine Freundin ein Junge wäre, wäre sie sehr schön.« Er mag von der Erscheinung einer Person gefesselt sein, aber die dazu passende Psychologie liefert er selbst, oft in einer nachfolgenden Novelle. Wie seine reichen Vorfahren aus dem Handelsgeschlecht, ist er weniger ein Erfinder als jemand, der die Mittel klug und sparsam einzusetzen weiß. Als junger Autor führte sein Hang, Bekannte als Vorbilder für seine Romanfiguren zu verwenden, nicht nur zu dem Vorwurf, einen bestimmten Nachbarn für eine bissige Kurzgeschichte mit dem Titel »Tristan« benutzt zu haben, er wurde auch kritisiert, diesen von einem Fenster aus mit dem Opernglas beobachtet zu haben. Thomas Mann erklärte, die Figur des Tristan verweise wie alle seine Figuren in erster Linie auf ihn selbst, aber er gab die Beobachtung mit dem Opernglas, die ihm Spaß gemacht habe, zu.

Zweifellos wurde Manns mangelndes Interesse an seinen Mitmenschen durch die gewissenhafte und fruchtbare Konzentration auf sich selbst ausgeglichen, die Material für mehr als zehn seiner berühmten und verschiedenartigen Charaktere lieferte. Während die meisten Romanautoren von ihrem Narzißmus verführt werden, sich selbst als Heroen darzustellen, hat Mann sich in vielfältigster Gestalt präsentiert – als Buckligen, Schwindler und Dilettanten, als überzüchtetes Bürgersöhnchen namens Hanno oder Hans und verschiedentlich auch als Autor; so etwa als Dr. Gustav Aschenbach im »Tod in Venedig«, den Mann als so großen europäischen Schriftsteller beschreibt, daß dessen »antithetische Beredsamkeit« seriöse Kritiker dazu verführte, sie mit der Schillers zu vergleichen. (Dies wird gewöhnlich als Beweis für Manns Humor zitiert, wobei der Scherz natürlich darin liegt, daß Mann nicht Schiller, sondern Goethe gleicht.) Kürzlich hat Mann sogar die biblische Gestalt des jungen Joseph in »Joseph in Ägypten« mit Zügen seiner eigenen Psyche, der eines norddeutschen Knaben, ausgestattet. Es ist kein Scherz, wenn man behauptet, das größte Studienobjekt Manns sei er selbst. Eines seiner Kinder hat behauptet, es sei schwer, seine Schriften nicht als »Komplex familiärer Anspielungen« zu verstehen. Unbewußt sprechen die Kinder Manns von ihrem Vater wie von einer Romanfigur.

Obwohl er freundlich ist, hat Mann keine engen Freunde. Er behauptet, die Leute, die er duze, könne er an den Fingern einer Hand abzählen. In Amerika hat er zwei alte Bekannte – Bruno Frank, den deutschen Schriftsteller, und Alfred Knopf, seinen Verleger. Als Patrizier schätzt Mann ein gutes Glas Wein wie einen guten finanziellen Vertrag. Seiner Meinung nach kann ihm kein Verleger zuviel bezahlen.

Weil Mann nicht nein sagen kann (obwohl er auch nicht ja sagt), willigt er oft ein, bedeutende, neu in Amerika eingetroffene Emigranten zu empfangen, ebenso wie er in Deutschland alle jungen Schriftsteller, auch untalentierte, mit Empfehlungen an seinen Verlag versorgte. In Hollywood ist er eine illustre Neuerwerbung für die Rednerpulte berühmter politischer Dinner-Veranstaltungen. Bei einem britischen Empfang zur Unterstützung der Kriegsopfer trat er kürzlich zusammen mit Lotte Lehmann, Bruno Walter, Basil Rathbone und anderen Prominenten auf. Wenn er sich an der Ostküste aufhält, trifft er gewöhnlich nur mit drei Amerikanerinnen zusammen, einem Trio, das von seiner Übersetzerin, Mrs. H. T. Lowe-Porter angeführt wird. Die zweite ist Miss Caroline Newton, die Tochter des bibliophilen A. Edward Newton. Bis zu der kürzlichen Aufgabe des Projekts bereitete Miss Newton, ihres Zeichens Psychologin, unter Manns Ägide eine psychologische Interpretation des Autors und seiner Werke vor. Sie machte ihn auch mit den Arbeiten Freuds bekannt, über den er später einen langen Essay schrieb. Die dritte ist Mrs. Agnes Meyer, die Frau des Herausgebers der *Washington Post* und Spezialistin für langatmige Kritiken seiner Werke in der *Sunday Times*. Gelegentlich, wenn Mann eine wichtige Person treffen muß oder treffen will, lädt Mrs. Meyer auf ihr weitläufiges Gut am Mount Kisco ein, wodurch ihm die lästige Rolle des Gastgebers erspart bleibt und er nur als Ehrengast fungieren muß. All diese Damen sind ihm nützlich, und sie sind stolz darauf; sie tragen bei zu jenem geheimnisvoll flirrenden Strahlenglanz, der den Schriftsteller im privaten Kreis umgibt und in dessen exaktem Mittelpunkt er sich befindet – still, spöttisch und gewöhnlich unsichtbar hinter geschlossenen Türen verborgen. Jede dieser Damen ist ein Blaustrumpf, was sie verbindet, ist der Kult um Thomas Mann, und zuweilen wundert sich jede einzelne (wie behauptet wird), was die beiden anderen dort eigentlich zu suchen haben. Mrs. Meyer zitiert in ihren Kritiken aus Manns Werken, wobei sie sich bewußt nicht Mrs. Lowe-Porters offizieller Übersetzungen bedient, sondern ihrer eigenen.

Manns Privatleben erscheint vielfach verständlicher als seine Werke. Obwohl er ein gebildeter Humanist der Post-Bismarckschen Ära mit hochgesteckten moralischen Zielen ist, finden sich in seinen Romanen und Novellen viele Figuren, die trotz der komplizierten, vornehmen Verkleidung seines Stils schlichtweg morbid und unmoralisch sind. Tatsächlich hat er ein für das *Fin-de-Siècle* typisches Interesse an Unglück, Deformiertheit, Krankheit, Dekadenz, Abnormität, Selbstmord und Tod, das praktisch zum Gütezeichen von Thomas Mann wurde. Sein Roman »Der Zauberberg«, der als eines seiner großen philosophierenden Werke gilt, spielt in einer Lungenheilanstalt in der Schweiz. Obwohl das Sanatorium die ungesunde kapitalistische Gesellschaft am Vorabend des Ersten Weltkriegs symbolisieren soll und eine der anziehendsten männlichen Figuren, die an einem Schlangenbiß stirbt, als Verkörperung des sinnlichen Lebens gedacht ist, wird auch ganz konkret eine Menge über Lungenkrankheiten erzählt. In der Novelle »Tristan« kommt eine junge Frau vor, die an Kehl-

I.L.G.W.U
HILLQUIT MEMORIAL HOSPITAL

kopftuberkulose leidet. Als Beispiel für Thomas Manns außerordentliches Interesse an Krankengeschichten gibt es in den »Buddenbrooks« ein bemerkenswertes Kapitel, das mit dem Satz beginnt: »Fälle von Typhusfieber nehmen folgenden Verlauf«, was dann auf drei Seiten ausgebreitet wird. Thomas Mann verneint, daß er jemals Arzt werden wollte, aber als Schriftsteller fühlt er sich zweifellos zu Menschen hingezogen, die ein wenig erhöhte Temperatur haben.

Der kurze Roman »Königliche Hoheit« handelt von einem Prinzen mit verkrüppeltem Arm, »Der kleine Herr Friedemann« ist eine Novelle über einen Buckligen, der Selbstmord begeht, und »Luischen« erzählt vom tödlichen Herzanfall eines fetten Hahnreis. Der Autor behauptet, er habe die aus der klassischen Tradition bekannte, natürliche Hinneigung des Künstlers zum Tod. »Wälsungenblut« ist eine Novelle über den Inzest eines jüdischen Zwillingspaares. »Der Tod in Venedig«, den viele Kritiker als eine der perfektesten Novellen unserer Zeit ansehen und der Manns romantischste Liebesgeschichte ist, erzählt von der tragischen Neigung eines angejahrten verwitweten Literaten zu einem schönen dreizehnjährigen polnischen Knaben. Der Tod auf venezianische Art in Form einer Cholera-Epidemie ist der Ausweg aus dieser späten und unglücklichen Leidenschaft. Mit rührendem Erstaunen gesteht Mann, der »Tod in Venedig« sei in vielfacher Hinsicht »perverser« geworden als er geplant habe.

Weil dem Deutschen Thomas Mann und dem Franzosen André Gide ähnlich kultartige Verehrung entgegengebracht werden, weil jeder das herausragende literarische Talent seiner Nation ist, aber vor allem, weil beide ein gewisses Interesse an der gleichen *morbidezza* zeigten, waren Vergleiche zwischen ihnen unvermeidlich. Als vor ein paar Jahren die Übersetzungen der »Buddenbrooks« und des »Zauberbergs« in Frankreich erschienen, hatten viele Leser gegenüber Mann ein zwiespältiges Gefühl. Manche Pariser hielten ihn einfach für eine schlechte Kopie, während andere glaubten, er sei genauso schlecht wie Gide. Gide selbst fand, Mann sei mit niemandem vergleichbar. Über den Zauberberg sagte er: »Dieses bedeutende Werk ist tatsächlich mit nichts zu vergleichen.« Dieses Kompliment ist Mann das liebste überhaupt. In England, wo Mann wenig gelesen und gewürdigt wurde, hält ihn die Riege der Kritiker für undurchsichtig im Gegensatz zu Gide, der als böses, klares Kristall gilt. Obwohl beide Autoren als führende europäische Intellektuelle angesehen werden, scheint die englische Intelligenzia zu der Ansicht zu neigen, Gide habe einen Weg gebaut, Mann jedoch ein Mosaik zusammengesetzt. Ein berühmter anti-englischer Kritiker aus Deutschland stellte fest, Mann habe »ohne Liebe« für seine Figuren geschrieben und gleiche daher Thackeray. In Amerika, wo Mann weit und breit der am meisten gelesene und einflußreichste lebende ausländische Schriftsteller ist, wird er nicht nur mit Gide verglichen, sondern als eine Art neuer Tolstoi angesehen. Mann selbst vergleicht sich nie mit anderen Schriftstellern, gleichgültig, ob es sich um lebende oder tote handelt.

Seit Beginn seiner Schriftstellerkarriere schreibt Mann jeden Morgen von halb zehn bis Mittag. Seiner Arbeit widmet er »eifrige Vorbereitungen« und schreibt mit »jener Geduld, die meine natürliche Langsamkeit mir auferlegte, einem Phlegma, das vielleicht richtiger bezähmte Nervosität zu nennen wäre«. Täglich schreibt er etwa vierzig Zeilen. Seine Konzentration ist außerordentlich. Er kann überall, unter allen Umständen und in jeder Umgebung schreiben. Er hat in Sommerhäusern, im Winter in seinem Stadthaus, in Zügen, in Hotels, auf Schiffen, in fremden Städten, in italienischen Fischerdörfern, in einem Strandkorb auf einer baltischen Düne oder als Wochenendgast in einem amerikanischen Garten geschrieben – er ist ein Mann, der »vermutlich noch auf dem Weg zu seiner eigenen Beerdigung schreiben wird«, stellte ein erstaunter Gastgeber aus

Connecticut in einem Brief fest, und fuhr fort: »Und während um ihn herum das Leben tost, schreibt er in seiner ruhigen, höflichen Art, als würde diese Welt nicht existieren.« Nur einmal in Manns langem Schriftstellerleben wurde diese tägliche Routine unterbrochen. Das war 1933 in der Schweiz, als er bemerkte, daß der schöne Ferienaufenthalt in Form eines schmerzlichen Exils fortgesetzt werden mußte. Hier wurde dieser zutiefst deutsche Mensch schließlich mit einem tragischen Stoff konfrontiert, der eher zu Schwermut Anlaß gab als zu einem weiteren Berg von Manuskripten.

Den Umfang seiner literarischen Arbeit hat er nicht unter Kontrolle. »Der Zauberberg«, sein in Amerika bekanntester Roman, wurde als Novelle begonnen und weitete sich schließlich zu einem riesigen, zweibändigen Werk aus, dessen Fertigstellung zwölf Jahre in Anspruch nahm. »Lotte in Weimar«, eine romanhafte Episode aus Goethes Leben, die letztes Jahr erschienen ist, begann als kleiner Abriß. »Joseph in Ägypten«, ein Werk, das bereits drei Romane umfaßt und vielleicht eine Tetralogie wird, war anfänglich ein kleines Vorwort, das er für einen Band biblischer Zeichnungen eines mit seiner Frau befreundeten Künstlers verfassen sollte.

Thomas Mann schreibt seine Manuskripte in Schulhefte. Seine kleine, enge Schrift ist so schwer zu entziffern, daß sie ihm als Entschuldigung dafür dient, keine Briefe zu schreiben. Nur seine Frau vermag seine Schrift zu entziffern. Ein Teil ihrer Hingabe an seine Arbeit besteht darin, daß sie tippen lernte und auf den gemeinsamen Reisen eine tragbare Schreibmaschine mitführt, um mit seiner umfangreichen Produktion Schritt halten zu können. Frau Mann, die Managerin und Finanzministerin der Familie, ist eine kleine, lebhafte, wortgewandte und sympathische Dame mit kurzem grauem Haar und beträchtlicher Weltläufigkeit. Es ist zweifellos ein Zeichen der Hochachtung ihr gegenüber, wenn Verleger der Meinung waren, sie hätten mit dem Autor Thomas Mann leichteres Spiel gehabt, wenn er Junggeselle gewesen wäre.

Frau Mann, eine geborene Katja Pringsheim, kommt aus einer reichen, hochkultivierten jüdischen Familie, die ursprünglich aus Oels in Schlesien stammte. Ihr Großvater baute die Eisenbahn im oberschlesischen Industrierevier, und sein Haus in der Wilhelmstraße war als das »Haus Pringsheim« bekannt. Ihr Vater, Alfred Pringsheim, besaß eine berühmte Sammlung italienischer Majoliken aus dem 13. und 14. Jahrhundert, die als das beste galt, was man außerhalb von Museen sehen konnte; sie umfaßte vierhundertfünfzig Stücke, die in einem illustrierten Katalog aufgeführt waren. Der Vater von Frau Mann war außerdem Mitglied der Bayerischen Akademie der Wissenschaften, ein brillanter Mathematiker und Hochschullehrer, ein Bekannter Richard Wagners, Musikkenner, Bücherliebhaber und generell ein Verehrer der Künste. Er gab seinen väterlichen Glauben auf, heiratete eine Christin, Fräulein Hedwig Dohm aus einer literarischen Berliner Familie, und machte ihr Münchner Haus in der Arcisstraße während der Regierung Ludwigs II. und der Prinzregentenzeit zu einem Zentrum des gesellschaftlichen und künstlerischen Lebens in der bayerischen Hauptstadt. Als Kind besaß Fräulein Katja wie ihre vier Brüder, von denen einer ihr Zwillingsbruder war, eine private Bibliothek mit wundervoll gebundenen Büchern; sie wuchs auf in einer Atmosphäre, die sich sowohl durch den Luxus des Geldes wie den der Bildung auszeichnete. Obwohl Manns Familie eher gut erzogen als gebildet war, hatten der Autor und seine Frau (die sich in München kennenlernten, als Mann Ende Zwanzig war) viel gemeinsam – hauptsächlich die Eleganz ihrer Elternhäuser, die in großen deutschen Handels- und Industriellenfamilien damals üblich war. Gegen die vergoldeten Renaissance-Salons der Pringsheims hatte Mann wenigstens die Erinnerung an den parkettierten Ballsaal seiner Kindheit aufzubieten, wo vor dem Verlust des Familienvermögens »Offiziere der Garnison den Töchtern des Patriziats den Hof machten«, wie er später befriedigt schrieb. Dem imposanten Begräbnis des gefeierten Münchner Malers Lenbach, der Katjas Porträt gemalt hatte und an dessen Bestattung die Pringsheims teilnahmen, als handle es sich um ein künstlerisches Ereignis, konnte Mann die Beerdigung seines Vaters entgegenstellen, die an »Größe und Pomp«, wie er später in seinen Memoiren schrieb, alles übertraf, was man seit Jahren in Lübeck gesehen hatte. Sein Vater war ein so wichtiger Mann, daß die hanseatischen Truppen die Fahnen senkten, wenn er vorbeiging.

Thomas Mann war dreißig Jahre alt, als er mit seiner »Märchenbraut die Ringe tauschte«, wie er fünfundzwanzig Jahre später immer noch gerührt niederschrieb. Ihre erste Begegnung, bei der er sie sofort anziehend fand, geschah in einer Münchner Straßenbahn, wo sie einen siegreichen Streit mit einem Schaffner ausfocht. Aus dieser erfolgreichen Verbindung sind sechs Kinder und etwa zwei Dutzend Bücher hervorgegangen.

Manns eigene Familie, deren Dekadenz er bereits in früher Jugend voller Stolz als Zeichen ihrer Vornehmheit erachtete, gehörte in der Tat zu den Oberen Zehntausend. Sein Urgroßvater war der Begründer des Familienclans in Lübeck, einer Stadt, die vom 13. bis Ende des 17. Jahrhunderts die Führung der Hanse innehatte, jener klugen Allianz reicher Kaufleute, die den Seehandel in Nordeuropa kontrollierten. Der Urgroßvater trug eine gepuderte Perücke und Spitzenjabots und war ein voltairescher Freigeist. Manns Großvater, der die Stellung eines niederländischen Konsuls bekleidete, trug Jacken mit Keulenärmeln und Vatermörderkragen und war der Stützpfeiler seiner strenggläubig protestantischen Familie. Politisch war er ein Liberaler, was damals bedeutete, eine Demokratisierung des Lübecker Senats für schlichtweg geschmacklos zu halten. Er sprach Französisch und in seinem Haus, über dessen

Eingangstür das Familienmotto »Arbeite, Bete, Spare«, eingraviert war, sprach er Plattdeutsch. Einmal fuhr er in seiner vierspännigen Kutsche nach Süddeutschland, um ein ziemlich lukratives Weizengeschäft für die preußische Armee abzuschließen, die sich gerade auf den Krieg gegen Napoleon und auf Waterloo vorbereitete.

Manns Vater war Lübecker Senator und zweimal Bürgermeister der Stadt; er starb in jungen Jahren, als sein Sohn gerade fünfzehn war, an einer Blutvergiftung. Thomas Manns Mutter, eine absolut exotische Erscheinung in dieser norddeutschen Familie, war eine Julia Da Silva-Bruhns und wurde in Brasilien als Tochter eines dort ansässigen deutschen Pflanzers und dessen südamerikanischer Frau geboren, die wiederum aus einer portugiesisch-indianischen Verbindung stammte. Diese exotische Frau war schön und musikalisch. Thomas Mann hatte zwei Schwestern, die beide durch Selbstmord starben. Mit dem erstaunlichen Talent, an allen dramatischen Vorfällen in seiner Familie Gefallen zu finden und sie ohne Ausnahme zu veröffentlichen, erzählt er in seiner Autobiographie, daß seine Schwester eine untalentierte Schauspielerin gewesen sei, »ein stolzer und spöttischer Charakter, entbürgerlicht, aber vornehm«, daß sie in ihrem Zimmer einen Totenschädel und Gift aufbewahrt habe, mit einem elsässischen Industriellen verlobt gewesen sei, ein Arzt jedoch »seine Macht über sie zu erotischen Erpressungen« genutzt habe. Nachdem der Verlobte entdeckte, daß er betrogen worden war, habe sie Zyankali genommen, »eine Menge, mit der man wohl eine Kompanie Soldaten hätte töten können. Das letzte, was von ihr laut wurde«, fügt Mann mit anteilnehmender, klinischer Genauigkeit hinzu, »war das Wassergurgeln, womit sie die Verätzungen in ihrem Schlunde zu kühlen suchte.« Den traurigen Fall seiner zweiten Schwester Julia hat er noch nicht festgehalten. »Ihr Grab ist zu frisch«, schrieb er. »Ich will diese Erzählung einer späteren Lebensbeschreibung in einem größeren Rahmen vorbehalten«, was vermutlich seinem Verleger wieder viel Freude bereiten wird.

Als Kind führte der kleine Thomas ein privilegiertes, beschütztes Leben. Als Knabe haßte er die Schule. Als Jugendlicher, noch keine zwanzig, nach dem Tod seines Vaters und dem Verkauf des Familiensitzes und des Geschäftsanteils des Mannschen Getreidehandels, der sich schon lange im Niedergang befand, zog Mann mit seiner Mutter nach München, wo er Angestellter bei einer Versicherung wurde. Während er tagsüber seiner Arbeit nachging, versuchte er sich nachts an Novellen. Kaum war die erste angenommen worden, gab er seinen Beruf für immer auf und besuchte kurzzeitig die Münchner Universität. Daraufhin verbrachte er ein knappes Jahr in Italien, zusammen mit seinem Bruder Heinrich, der damals Malerei studierte, aber später auch Schriftsteller wurde. Thomas, dem jungen Norddeutschen, gefiel der Süden nicht; seiner Aussage zufolge machte ihn die *bellezza* nervös. Um inmitten des römischen Glanzes Halt zu finden, verschlang er die Übersetzungen skandinavischer und russischer Literatur. Die meiste Zeit verbrachten die Brüder beim Dominospiel in Cafés und achteten darauf, sich mit niemandem anzufreunden. Zurück in München – Mann war damals Anfang Zwanzig – wurde er Mitarbeiter des *Simplicissimus,* der bedeutendsten und geistreichsten Satire-Zeitschrift in Europa. Als Kind hatte er seine ersten literarischen Anregungen von Hans Christian Andersen bezogen; als Knabe verschlang er Schiller. Als Zwanzigjähriger reifte er unter dem Einfluß zweier wichtiger Autoren: Zum einen Nietzsches, in dessen Werk er vor allem die Selbstüberwindung bewunderte, obwohl er dessen »Machtphilosophem« und die »Blonde Bestie« ablehnte; zum anderen Schopenhauers, dessen gesammelte Werke er bei einem Okkasionskauf erworben, aber monatelang unaufgeschnitten liegen gelassen hatte, bis er sich plötzlich auf sie stürzte und Tag und Nacht las, auf eine Art, wie man wohl nur einmal in seinem

Leben liest. Was Mann aus der Philosphie des großen Pessimisten bezog, war seltsamerweise »das erotisch-einheitsstiftende Element«.

Im Jahr 1899, im Alter von vierundzwanzig Jahren, schickte Mann das Manuskript der »Buddenbrooks« an den berühmten Berliner S. Fischer Verlag. Es ist ein Wunder, daß der Verleger die »Buddenbrooks« jemals las, mehr noch, daß er das Buch annahm. Es handelte sich um ein handschriftliches Manuskript, das beidseitig beschrieben war. Als Mann es auf der Post aufgab, versicherte er das Manuskript in einer Höhe von eintausend Mark, denn es war das einzige Exemplar, das existierte. »Der Postbeamte lächelte.« Der ernsthafte junge Autor hatte sich drastisch unterschätzt. In den folgenden fünfundzwanzig Jahren erlebte das Buch einhundertneunundfünfzig Auflagen, begründete seinen Ruhm und legte den Grundstein für sein Vermögen. »Die Buddenbrooks« wurden 1900 veröffentlicht. Das Buch erschien zwei Jahre vor Samuel Butlers posthum veröffentlichtem Roman »Der Weg allen Fleisches«. Auf verschiedene Weise waren dies in Deutschland und England die Schlüsselwerke zum Thema unglückliche Väter und Söhne, über Familienstreitigkeiten zwischen Mitgliedern einer dekadenten Gesellschaft des 19. Jahrhunderts, Auseinandersetzungen, die im Kleinen auf prophetische Weise die Kriege des 20. Jahrhunderts vorwegnahmen, die den Untergang einer Lebensform besiegelten.

Manns erster Besuch in Amerika fand 1934 auf Einladung seines Verlegers statt und fiel mit der Feier seines neunundfünfzigsten Geburtstages zusammen; der Besuch wurde in New York zu einem literarischen Ereignis, bei dem sich anläßlich eines Dinners im Plaza Hotel einheimische Literaturgrößen einschließlich des Bürgermeisters LaGuardia einfanden. Mann versuchte sich in englischer Sprache und hielt eine Rede, in der er Alfred Knopf als »creator« loben wollte, ihn aber als

»creature« bezeichnete. Mann behauptete später, dies sei sein Debüt im Englischen gewesen. Nach zwei weiteren Besuchen, einem zum Zweck einer Vortragsreise, kehrte Mann mit seiner Frau 1938 zurück, um als der führende anti-nationalsozialistische Literat willkommen geheißen zu werden. Bei seiner Ankunft verkündete er den erstaunten Reportern am Hafen: »Wo ich bin, ist Deutschland.« Im folgenden Jahr beantragte er seine Einbürgerungspapiere. Anfangs lebten die Manns in Princeton, da die Universität ihn eingeladen hatte, Vorlesungen über geisteswissenschaftliche Themen zu halten. Diese Vorlesungen erwiesen sich als schwierig. Sie wurden in Deutsch geschrieben, ins Englische übersetzt und die Übersetzung wurde mit bestimmten Markierungen und kleinen geheimnisvollen Zeichen versehen, damit Mann die Aussprache bewältigte. 1940 gab er seine Stelle auf und übersiedelte nach Pacific Palisades, eine der eleganten, malerischen Vorstädte von Los Angeles, in der Nähe von Hollywood. Mann liebt das Leben in Kleinstädten, an deren Umgebung er sich gern bei seinen gelegentlichen Autoausflügen erfreut. Abwechslungen gestattet er sich nur, wenn sie seinen geregelten Tagesablauf nicht stören. Nach seiner morgendlichen Arbeit unternimmt er bis zum Mittagessen mit seinem Pudel Niko einen strammen Spaziergang. In seinem Leben gab es eine Reihe von innig geliebten Hunden; tatsächlich handelt die einzige Geschichte mit einem Happy End von einem Hund. Mann ißt auch gern, in Maßen. Er liebt üppige, kindliche Gerichte, bei Diners die Vor- und Nachspeisen und hat eine Vorliebe für würzige Suppen und amerikanische Eiskrem.

Eine von Manns wenigen Ablenkungen war sein Interesse am Okkulten. Obwohl er in seinem Essay »Okkulte Erlebnisse« feststellt, daß »Geisterglaube eine Art von Hintertreppenmetaphysik« sei, behauptet er immer noch, bei einer Séance – »der Blitz möge mich treffen, wenn ich lüge« – gesehen zu haben, wie sich ein Taschentuch dreimal vom Boden erhoben habe und sich, »bei meiner Ehre«, die Tasten einer Schreibmaschine bewegt hätten, ohne von menschlicher Hand berührt worden zu sein. Diese Séance jedenfalls führte zu einem bemerkenswert interessanten Kapitel im »Zauberberg«, in dem Thomas Mann mit der für ihn typischen Angewohnheit, auch noch das letzte Bißchen aus seinem Privatleben zu verwerten, dieses Vorkommnis in einigen Details wieder aufnimmt. Zaubertricks sind immer noch ein Kitzel für ihn. Trocken bemerkt er: »Noch einmal möchte ich, gereckten Halses, die Magennerven angerührt von Absurdität, das Unmögliche sehen, das dennoch – geschieht.«

Obwohl Hollywood heute als Zentrum der deutschen Intellektuellen gilt, war Manns Interesse, sich dort niederzulassen, keinesfalls ein gesellschaftliches. Offenbar spielte er vor kurzem mit der Idee, als Parallele zum »Zauberberg« und dessen spezieller Krankheitsthematik einen Roman über Hollywood zu schreiben. Er findet, auch Hollywood habe ein ganz bestimmtes Flair, das in gewissem Sinn mit dem abgeschiedenen Ort in den Schweizer Bergen vergleichbar sei. Thomas Mann hat auch eine kleine Schwäche: Er sähe es gerne, wenn einer seiner Romane verfilmt würde. In ihrer Kritik über »Joseph in Ägypten« in der *Times* behauptete Mrs. Meyer, die oft als Manns Orakel fungiert, das Buch enthalte mehr dramatische Handlung als eine Hollywood-Produktion je zustandegebracht habe. In literarischen Kreisen wurde das so aufgefaßt, daß Mann, ein Meister der Psychologie, hoffte, Hollywood fühle sich herausgefordert und würde sich sogar an einen Vertrag mit Thomas Mann heranwagen. In der Tat streckte eine der Filmgesellschaften vorsichtige Fühler aus, aber der Plan wurde fallengelassen, vermutlich weil die Verantwortlichen der Ansicht waren, nur ein David Ward Griffith in seiner Blütezeit hätte es wagen können, einen solche Sache in den Griff zu kriegen.

Albert Einstein gilt unter amerikanischen Flüchtingsexperten als der ideale Emigrant, weil er zu wenig sagt und tut, um jemals in Schwierigkeiten zu geraten. Die aufgeschlosseneren Manns hingegen wurden gelegentlich in leicht absurde Unternehmungen verstrickt. Thomas Manns Angewohnheit, sich auf literarischem Gebiet in Symbolen auszudrücken, entspricht im privatem Bereich seine würdevolle Verschwiegenheit. Folglich suchen seine Frau und er nie um Rat nach, bis es zu spät ist; wollen sie sich eine Meinung bilden, erkundigen sie sich nach den Ansichten von zwölf Leuten und kommen dann selbst zu einer dreizehnten, bei der sie sich gewöhnlich irren. Sie scheinen sich von jedermann beeinflussen zu lassen, der gerade länger mit ihnen gesprochen hat, hören aber dennoch auf niemanden. Die Manns vor Schwierigkeiten zu bewahren, ist nach Aussage von einem ihrer geduldigen und bewundernden Freunde so, als wolle man den gordischen Knoten durchschlagen. Die Schwierigkeiten der Manns stellen sich in jeweils zwei verschiedenen Mysterien dar: Erstens, wie kam es dazu, worüber nur zurückhaltende Erklärungen abgegeben werden, und zweitens, wie wäre ihnen zu helfen, nachdem sie wahrscheinlich alle wichtigen Briefe weggeworfen, die Telefonnummern verlegt oder eine der beteiligten Personen von vornherein für jemand anderen gehalten haben. So hatte Thomas Mann beispielsweise ein Problem mit einem gewissen Angell von der Yale Universität, der ihn um einige Originalmanuskripte bat und ihn zum Lunch einlud. Bis Mann herausfand, daß dieser Angell, den er für den Präsidenten Rowland Angell hielt, ein einfacher Student war, hatte er die Einladung bereits angenommen und einige Manuskripte an ihn abgeschickt. Kurz darauf erhielt er eine Einladung des Präsidenten Angell, in Yale eine Rede zu halten. Thomas Mann ließ den Lunch im Heim des Studenten höflich über sich ergehen und schlug dann zwei Fliegen mit einer Klappe, indem er am Nachmittag unter beträchtlichem Beifall seine Rede hielt. Außerdem gab er sich einen Stoß und überreichte der Universität Yale nicht nur eine beeindruckende Sammlung von Manuskripten, sondern dazu noch Fotos, Briefe und andere Erinnerungsstücke, die die Grundlage für das Thomas MannArchiv der Universität bildeten.

Vor zwei Monaten machten sich die Deutschen ein internationales Abkommen zunutze, das die Verteilung von Propagandamaterial an Kriegsgefangene verbietet, und untersagten die Verbreitung von Manns Büchern unter deutschen Kriegsgefangenen in England. Thomas Mann selbst war vom Militärdienst befreit worden, weil der damalige kaiserliche Armeearzt, der ihn untersuchte, ein ehrfurchtsvoller Bewunderer seiner Schriften war. Wie Mann in seiner Autobiographie schreibt: »Er legte seine Hand auf meine bloße Schulter und sagte: Sie sollen Ihre Ruhe haben!«

Die Tatsache, daß Thomas Mann heute ein politischer Flüchtling ist, und der Umstand, daß er in unserem demokratischen Land im Exil lebt, sind zwei interessante Widersprüchlichkeiten seiner Person, die dieser Krieg hervorgebracht hat. Am Ende des letzten Krieges kümmerte sich Mann noch nicht um Politik; er lehnte die demokratische Regierungsform ab und veröffentlichte 1918 unter dem Titel »Betrachtungen eines Unpolitischen« einen vieldiskutierten Essay. Mann war damals ein deutscher Ästhet, der im Elfenbeinturm lebte und sich für die Freiheit des Künstlers, nicht die des Volkes interessierte. Er war ein Humanist, der mit geistigen Dingen beschäftigt war, nicht mit praktischen. In seinem treffend betitelten Essay machte Mann Bismarck dafür verantwortlich, dem romantischen Deutschland Politik beigebracht zu haben; er fuhr fort: »Demokratie ist ein leerer Rahmen für das Leben«, erklärte sein Mißtrauen gegenüber dem Bürgertypus, den er als *Herrn Omnes* (Herr Jedermann) bezeichnete, und fügte hinzu: »Ich will weder Parlamentarismus noch Parteienverwaltung. Ich will überhaupt keine Politik. Ich will Objektivität, Ordnung und Würde.« Gleichzeitig wollte er auf würdevolle Weise seinem

Romane schreibenden Bruder Heinrich eins auswischen, der Demokrat, politisch interessiert und frankophil war, und der, was offensichtlich noch schlimmer war, als Gegner der deutschen Bourgeoisie auftrat. In seinem ein Jahr zuvor veröffentlichten sozialkritischen Roman »Die Armen« hatte er das wilhelminische Bürgertum als seelenloses, gieriges und ehrgeiziges Pack beschrieben. Für Thomas, den jüngeren, aber berühmteren Autor, der sich immer noch in altmodische brokatverzierte Hausmäntel hüllte und im Glanz Mannscher (oder Buddenbrookscher) Großbürgerlichkeit verharrte, war das sicher ein Kapitalverbrechen.

Aufgrund dieser scharfen ideologischen Fehde wurden die Manns in politischen Kreisen mit dem Spitznamen *die feindlichen Brüder* bedacht, eine Anspielung auf zwei mittelalterliche Raubritter, ein Brüderpaar, das sich an der Rhône ihre Burgen nebeneinander baute, weil sie sich zu sehr haßten, um sich aus den Augen zu lassen. Die Fehde führte dazu, daß Heinrich Mann einer der anerkanntesten Wortführer der jungen deutschen Intellektuellen wurde, die sich voller Ungeduld gegenüber der alten Bourgeoisie, abgestoßen von der zusammengebrochenen Monarchie und beunruhigt vor der sich abzeichnenden Revolution, inbrünstig für die Ideale der neuen Weimarer Republik einsetzten. Als kleine Jungen teilten die feindlichen Brüder ein Schlafzimmer, aber oft sprachen sie nicht miteinander. Als sie herangewachsen waren, sprachen sie nicht einmal mehr die gleiche Sprache. Heinrich, der seiner lateinamerikanischen Mutter nachschlug, war ein Frankreich-Bewunderer, und seine Neigung zum linken Lager ließ ihn weiterhin die französische Revolution bejubeln; Flaubert und Zola waren seine Götter; in seinem halben Dutzend wenig erfolgreicher Bücher zielte er eher darauf ab, als europäischer denn als deutscher Schriftsteller zu gelten, gleichzeitig war er ein Liebhaber von Bordeaux-Weinen. Thomas trank Rheinwein und labte sich auf seine eigene Art an Wagner, Martin

Luther und vor allem an Goethe. In den »Betrachtungen eines Unpolitischen« beschrieb er Heinrich (ohne ihn natürlich namentlich zu nennen, denn schließlich war es eine wohlerzogene Fehde) als *Zivilisationsliteraten*. Damit wollte Thomas, der die französische *Zivilisation* der deutschen *Kultur* für unterlegen erachtete, offenbar ausdrücken, daß sein Bruder ein französisch beeinflußter Schreiberling sei.

Wie die meisten Angehörigen seiner Klasse war Thomas Mann im letzten Krieg ein leidenschaftlicher Patriot gewesen. Im ersten für Deutschland siegreichen Kriegsjahr veröffentlichte er eine patriotische, Friedrich den Großen rühmende Streitschrift, der ein berühmtes Vorwort vorangestellt ist, das ebenso wie die »Betrachtungen eines Unpolitischen« nicht ins Englische übersetzt wurde. In diesem Vorwort mit dem Titel »Gedanken im Krieg«, das er im September 1914 niederschrieb, heißt es:

»Jenes siegende kriegerische Prinzip von heute: Organisation – es ist ja das erste Prinzip, das Wesen der Kunst … Die Deutschen sind bei weitem nicht so verliebt in das Wort ›Zivilisation‹ wie die westlichen Nachbarnationen … Sie haben ›Kultur‹ als Wort und Begriff immer vorgezogen … Weil dieses Wort rein menschlichen Inhaltes ist, während wir beim anderen einen politischen Einschlag und Anklang spüren, der uns ernüchtert, der es uns zwar als wichtig und ehrenwert, aber nun einmal nicht als ersten Ranges erscheinen läßt; weil dieses innerlichste Volk, dieses Volk der Metaphysik, der Pädagogik und der Musik ein nicht politisch, sondern moralisch orientiertes Volk ist. So hat es sich im politischen Fortschritt zur Demokratie, zur parlamentarischen Regierungsform oder gar zum Republikanismus zögernder und uninteressierter gezeigt als andere … Als ob nicht Luther und Kant die französische Revolution zum mindesten aufwögen. Als ob nicht die Emanzipation des Individuums von Gott und die Kritik der reinen Vernunft ein weit radikalerer Umsturz gewesen wäre als die Proklamierung der ›Menschenrechte‹ ... Mit unserem Moralismus aber hängt unser Soldatentum zusammen, ja, während andere Kulturen bis ins Feinste, bis in die Kunst hinein die Tendenz zeigen, völlig die Gestalt der zivilen Gesittung anzunehmen, ist der deutsche Militarismus in Wahrheit Form und Erscheinung der deutschen Moralität. Die deutsche Seele ist zu tief, als daß Zivilisation ihr ein Hochbegriff oder gar das Höchste sein könnte ... Und dieselbe tiefe und instinktive Abneigung ist es, die sie dem pazifistischen Ideal der Zivilisation entgegenbringt: ist nicht der Friede das Element der zivilen Korruption, die ihr amüsant und verächtlich scheint? ... Deutschlands ganze Tugend und Schönheit entfaltet sich erst im Kriege ... er (Robert Dell) sieht nicht, daß die politische Ausprägung unserer bürgerlichen Freiheit, schon angebahnt, schon bestens unterwegs, nur im Frieden, jetzt nur nach dem Sieg, dem gewissen, im Sinn und der Konsequenz der Geschichte liegenden Siege Deutschlands sich nach deutschen – nicht nach gallischen-radikalen – Geistesgesetzen vollenden kann; daß eine deutsche Niederlage das einzige Mittel wäre, uns *und* Europa in der Gesittung zurückzuwerfen; daß nach einer solchen Niederlage Europa vor dem deutschen ›Militarismus‹ nicht Ruhe noch Rast haben würde, bis Deutschland wieder da stände, wo es vor diesem Kriege stand; daß umgekehrt nur Deutschlands Sieg den Frieden Europas verbürgt. ... Es ist nicht einfach, ein Deutscher zu sein – nicht so bequem, wie es ist, als Engländer, bei weitem eine so distinkte Sache nicht, wie es ist, auf französische Art zu leben. Dies Volk hat es schwer mit sich selbst, es findet sich fragwürdig, es leidet zuweilen an sich bis zum Ekel; aber noch immer, unter Individuen wie Völkern, waren diejenigen die wertvollsten, die es am schwersten hatten ... Es ist wahr, der deutschen Seele eignet etwas Tiefstes und Irrationales, was sie dem Gefühl und Urteil anderer, flacherer Völker störend, beunruhigend, fremd, ja widerwärtig wild erscheinen läßt. Es ist ihr ›Militarismus‹, ihr sittlicher Konservatismus, ihre soldatische Moralität … Dies Volk ist groß auch auf dem Feld der Gesittung – nur lächerliche Ignoranz leugnet es. Jedoch der Gesittung *verfallen* will es nicht … Es ist wahrlich das unbekannteste Volk Europas … Aber Erkenntnis muß sein, Leben und Geschichte bestehen darauf, sie werden es als untunlich erweisen, die endungsvolle und unentbehrliche Eigenart dieses Volkes aus wüster Unkunde gewaltsam zu verneinen. Ihr wolltet uns einzingeln, abschnüren, austilgen, aber Deutschland, ihr seht es schon, wird sein tiefes, verhaßtes Ich wie ein Löwe verteidigen, und das Ergebnis eures Anschlages wird sein, daß ihr euch staunend genötigt sehn werdet, uns zu studieren.«

Damit enden die »Gedanken im Krieg«, die vielleicht genaueste psychologische Darstellung rassistischen deutschen Überlegenheitsdenkens, die Thomas Mann jemals verfaßte.

Mann brauchte dreiundzwanzig Jahre, um diese politische Einstellung zu überwinden und zu dem kämpferischen Liberalen und absoluten Gegner der rassischen Überlegenheitstheorie zu werden, der er heute ist. Neben seiner Vergangenheitsbezogenheit und seiner vorsichtig grüblerischen Langsamkeit auf literarischem Gebiet, mußte er nun auch noch die Last einer lange verzögerten ideologischen Metamorphose bewältigen. 1923, fünf Jahre nach Gründung der Weimarer Republik (während sein Bruder Heinrich die deutsche Jugend begeisterte), rief Thomas Mann anläßlich einer Rede zum Goethejahr die Studenten der Universität Frankfurt auf, sich für die Idee der Republik einzusetzen, zu der er, wie in aller Aufrichtigkeit hinzufügte, noch nicht bekehrt sei. Aber die Republik biete »das Klima der Humanität«, in dem Seele zu Seele, nicht nur Bürger zu Bürger sprechen könne. Diese Mischung aus Metaphysik, formalem Anti-Demokratismus und altmodisch preußischem Nationalismus machten Mann für die französischen Intellektuellen zum Chauvinisten, der immer noch siegreich über den Rhein setzen wollte, und veranlaßten das

Institut de France 1924 dazu, ihn als gefährlichen Anhänger expansionistischer Ideale zu bezeichnen. 1924 wurde Thomas Manns Hauptwerk, der 400 000 Wörter umfassende »Zauberberg«, veröffentlicht, an dem er zwölf Jahre geschrieben hatte. Der Erfolg in Europa war riesig. Er wurde auch ins Ungarische, Holländische und Schwedische übersetzt und verkaufte sich im verarmten Deutschland über einhundertausendmal, wobei der Buchpreis von sechzehn Mark einen Gegenwert von einem Dutzend Mahlzeiten hatte. Mann schien gehofft zu haben, die gebildeten Klassen würden sich an dem metaphysischen, symbolträchtigen Modell orientieren, in dem ein jesuitisch erzogener Jude den Kommunismus, dem mittelalterlichen Mystizismus und sogar die katholische Kirche verkörpert, ein italienischer, spitzfindiger Demokrat als »Drehorgelmann« verspottet wird und eine russische Verführerin für Asien steht. Letzterer ist der wohlerzogene bürgerliche Held Hans zugetan. Thomas Mann vertraute vor allem darauf, daß sich der Leser seines Landes in diesem typischen Deutschen wiedererkennen würde und, wie er später in seiner Autobiographie schrieb: »Er (der Leser) konnte und mochte ihm folgen.«

Unglücklicherweise übernahm bald darauf der Österreicher Adolf Hitler die Führung, und nach den Wahlen von 1930, die den ersten großen Sieg der Nazis mit sich brachten, hielt Mann voller Besorgnis in Berlin eine warnende Rede, bei der Nazi-Rowdies Krawall machten. Daß er plötzlich Position bezog, störte die Nationalisten, die ihn seit den »Betrachtungen eines Unpolitischen« als sicheren Parteigänger des antidemokratischen Lagers ansahen. Als Deutschlands führender Intellektueller hätte Mann in diesem Augenblick mit seinem Schweigen für die Nazis sehr wertvoll sein können. Außerdem hatte er im Jahr zuvor den Nobelpreis für Literatur erhalten, und die Nazis hätten von seinem Ruhm gern für nationale und internationale Propaganda profitiert. 1932 richtete Mann einen umfangreichen, leidenschaftlichen Appell an die deutsche Intelligenz und wandte sich auch erstmals anerkennend an die Arbeiterklasse.

Im März 1933, zwei Wochen nach dem Reichstagsbrand und zwei Monate nach Hitlers Machtantritt, erhielten Thomas Mann und seine Frau, die gerade einen Ferienaufenthalt in der Schweiz beendeten, von ihren ältesten Kindern Klaus und Erika einen verschlüsselten Anruf aus München. Die bereits politisch vorausschauenden, modernen Mann-Geschwister baten ihre Eltern, nicht nach Hause zu kommen, weil das Wetter schlecht sei. Mann erwiderte naiv, in der Schweiz sei das Wetter ebenfalls schlecht. Erika deutete daraufhin etwas von einem bevorstehenden unangenehmen Hausputz an. Vermutlich war es Frau Mann, die bemerkte, daß mit dem Wetter das politische Klima gemeint war und der Hausputz eine Säuberungsaktion gegen Nazi-Gegner bedeuten könnte. Mann und seine Frau betraten Deutschland nie wieder. Am nächsten Tag schickten sich ihre sechs Kinder an, ihnen in das freiwillige Exil nachzufolgen. Als kurze Zeit später Thomas Manns Paß ablief und er beim deutschen Konsulat um Verlängerung bat, wurde ihm höflich versichert, das geschähe sofort, wenn er nach München zurückkehren würde. Seine Weigerung zurückzukehren, machte seine oppositionelle Haltung in den Augen der Nazis offiziell.

Ende des Jahres waren Manns Münchner Haus, seine Bibliothek und seine Konten von den Nazis beschlagnahmt worden. Ende 1936 sprach die Nazi-Regierung Thomas Mann und seiner Familie, die ebenfalls in der Schweiz geblieben war, die deutsche Staatsangehörigkeit ab. Es ist bezeichnend für Mann, daß er erst 1937, nachdem ihm die Universität Bonn den Ehrendoktortitel aberkannt hatte, das Schweigen brach, das die erste Phase seines Exils kennzeichnete. Er hatte angenommen, wenn er schwiege, würde ihm »etwas Wertvolles« erhalten bleiben – »der Kontakt mit meiner deutschen Leserschaft«; damit meinte er die fortgesetzte Verbreitung seiner

Bücher, mittels derer er das Denken seiner Landsleute zu beeinflussen hoffte. Am Neujahrstag schrieb Mann an den Vorsitzenden der philosophischen Fakultät der Universität Bonn die erste öffentliche Verurteilung des Nazi-Regimes – einen zornigen, dreitausend Wörter umfassenden Brief, der seitdem unter dem Titel »An Exchange of Letters« (»Briefwechsel mit Bonn«) wiederaufgelegt wurde und als die vortrefflichste von Manns politischen Stellungnahmen gilt. Weitere Bekenntnisse seiner demokratischen Überzeugung sind »Vom kommenden Sieg der Demokratie«, das voller Hoffnung im Frühjahr 1938 geschrieben wurde, »Dieser Friede«, das nach dem Münchner Abkommen erschien und ein tragisches drittes, »Dieser Krieg«, das Anfang 1940 veröffentlicht wurde.

Als Mann und seine Familie ihre Staatsbürgerschaft verloren, verlieh ihnen die tschechoslowakische Republik in Anerkennung für ihre Gegnerschaft gegen das nationalsozialistische Regime die Ehrenbürgerschaft; nachdem sie die Schweiz verlassen hatten, lebten sie eine Weile in Le Levandou und in benachbarten Städten in Südfrankreich, danach ließen sie sich in Küsnacht am Zürichsee nieder. Anfang 1938 erhielt Thomas Mann eine Einladung zu einer Vortragsreise in den USA. Er nahm die Einladung an. Wie er dem Präsidenten der Universität Bonn geschrieben hatte: »Seit ich ins geistige Leben eintrat, habe ich mich in glücklichem Einvernehmen mit den seelischen Anlagen meiner Nation, in ihren geistigen Traditionen sicher gefühlt. Ich bin weit eher zum Repräsentanten geboren als zum Märtyrer.«

Nachdem Thomas Mann diese politische Entwicklung durchlaufen hat, wird er in gewissen Kreisen ausländischer Diplomaten in Washington – nach der Niederlage der Nazis – als idealer Präsident eines Vierten Deutschen Reiches angesehen.

Über Manns Söhne und Töchter hat ein Freund der Familie treffend bemerkt: »Die Extravaganzen seiner Kinder haben zeitweise die Öffentlichkeit mehr beschäftigt als die Auszeichnungen ihres Vaters.« Auf seltsame Weise erscheinen die Mannschen Kinder wie fantastische Illustrationen zu den Büchern des Vaters. Sie traten ins Leben als drei Paare, immer abwechselnd ein Knabe und ein Mädchen. Das bekannteste Paar ist zweifellos das erste, Erika und Klaus. Erika, die 1906 in dem komfortablen Haus in der Poschingerstraße in München geboren wurde, in dem alle Kinder aufgewachsen sind, sagt man den schärfsten Verstand und die reifste Persönlichkeit von allen nach; wenn Frau Mann die Managerin der Familie ist, dann ist Erika ihr geistiger Zuchtmeister. Ihr Vater verläßt sich auf ihr Urteil. Ihr kommt das Verdienst zu, ihn nach zweijährigem Bemühen davon überzeugt zu haben, daß es im 20. Jahrhundert nicht nur für professionelle Politiker notwendig ist, politisch einen Standpunkt zu beziehen. Ihre Haltung einer Sache gegenüber ist immer hundertprozentig und läßt keinen Raum für Einwände. Erika und Klaus traten in der »Pfeffermühle« auf, einem politischen Kabarett, das kurz vor Hitlers Machtantritt in München von ihnen eröffnet wurde; für dieses Kabarett schrieben sie Texte, führten Regie und kamen in Deutschland und fünf weiteren europäischen Ländern auf mehr als tausend Aufführungen. Erika hatte bei Max Reinhardt Schauspiel studiert, spielte im Münchner Staatstheater und an den Kammerspielen Hauptrollen in Stücken von Shaw und anderen modernen Autoren; sie war mit dem Schauspieler Gustav Gründgens verheiratet, der damals Deutschlands bester sozialistischer Hamlet-Interpret war und heute ein wichtiger Protegé von Feldmarschall Göring ist. Einige Jahre später heiratete sie ihren jetzigen Mann W. H. Auden, den englischen Dichter. Nach ihrer Flucht aus München, während ihres Aufenthalts in der Schweiz, mußte die Polizei sie vor einem Komplott der Nazis beschützen, die sie nach Deutschland entführen wollten. Bei der Nachricht, ihr Leben sei in Gefahr, machte ihr Auden, der sie nie zuvor gesehen hatte, per Telegramm das galante Angebot, ihr durch Heirat zu einem britischen Paß zu verhelfen. Sie kam nach England und heiratete dort. Bevor sie die Schweiz verließ, kehrte sie noch einmal als Bäuerin verkleidet (mit modisch verdunkelnder Brille) nach Deutschland zurück und holte aus dem elterlichen Haus in München das unbeendigte Manuskript von »Joseph und seine Brüder«, das ihr Vater zu dem vermeintlichen Ferienaufenthalt nicht mitgenommen hatte. Mit dem Manuskript unter dem Sitz ihres Fords versteckt, gelangte sie sicher über die Grenze wieder zurück. Dieser Wagen war ein Andenken, ein erster Preis, den ihr Henry Ford überreichte, nachdem sie ein sechstausend Kilometer langes Autorennen durch Europa gewonnen hatte.

Seit Erikas Ankunft in Amerika (sie führte 1936 den Familientreck an und lebt seitdem hier) hat sie drei Bücher geschrieben – »Schule für Barbaren«, eine bittere Abrechnung mit dem heutigen Erziehungssystem der Nazis, »Die Lichter gehen aus«, eine Darstellung des Niedergangs der Freiheit in Europa und in Zusammenarbeit mit Klaus »Escape to Life«, eine Geschichte der Familie, die ein ausgezeichnetes Porträt ihres Vaters enthält. Kürzlich kehrte sie aus London zurück, wo sie für die BBC einige anti-nationalsozialistische Rundfunksendungen in deutscher Sprache verfaßt hat. Klaus, das zerstreuteste und entwaffnendste Mitglied der Familie Mann, ist seit seiner Jugend ein begeisterter Schriftsteller, und zwar von jenem untergeordneten Rang, den das Schicksal den Söhnen überragender Autoren zuweist. Klaus ist inzwischen Herausgeber von *Decision,* der ersten monatlich erscheinenden Zeitschrift, die sich auf die Arbeiten ausländischer Schriftsteller spezialisiert hat, die sich nun in unserem Land befinden. Klaus und Erika haben sich von allen Mann-Kindern am unabhängigsten gemacht, sie sind am weitesten gereist, haben am meisten von sich reden gemacht und sind hier wie in Europa das rührigste Emigrantenpaar. Ihr Geschmack ist in jeder Hinsicht absolut modern. In Paris waren sie Mitglieder des Kreises um Cocteau und empfanden eine fast schuldhafte Bewunderung für Thomas Manns Rivalen André Gide, den sie als ihren geistigen Ziehvater betrachteten. Klaus und Erika kennen überall jeden und sind in allen Ländern, in denen sie sich aufhalten, immer aktiv. In Amerika scheinen sie ihre Situation als Emigranten gut im Griff zu haben. Unter den hier ansässigen Flüchtlingen kursiert der Witz, man sei kein wirklicher Flüchtling, wenn man von Erika und Klaus nicht das O.K. bekommen habe.

Angelus Gottfried, der sich nach seinem früheren Kosenamen Golo nennt, der zweite Sohn und älteste des zweiten Kinderpaares, ist der Konservative der Familie und sieht wie eine dunkle, bäuerliche Ausgabe seines urbanen Vaters aus. Er ist untersetzt und schweigsam, besuchte die Heidelberger Universität und nach Hitler Machtübernahme die Universität von Rennes. Er entschied sich früh, Historiker zu werden, eines der wenigen Felder, die von seinem Vater nicht besetzt sind. Golo hat sich auf die anti-napoleonischen Aspekte der napoleonischen Ära spezialisiert und bereitet ein Buch über die zentrale, aber wenig beliebte Figur des Friedrich von Gentz vor, der Botschafter beim Wiener Kongreß und Liebhaber der Tänzerin Fanny Elsler war. Als der Krieg ausbrach, verließ Golo die Schweiz, um als freiwilliger Rotkreuz-Fahrer nach Frankreich zu gehen, kam dort in ein Konzentrationslager und traf erst in diesem Jahr in New York ein.

Monika, die Schwester des zweiten Paares, ist die einfachste in dem exzentrischen Sextett und wurde bereits in ihrer Kindheit als die »arme Monika« bezeichnet; sie hat tatsächlich ein trauriges Leben hinter sich. Ihr aus Ungarn stammender Mann, der Journalist Jenoe Lányi, ertrank vor ihren Augen nach der Torpedierung der »City of Benares«, und sie selbst trieb zwanzig Stunden im Meer, bevor sie geborgen wurde. Die jüngste Tochter Elisabeth, jetzt dreiundzwanzig, ging vor zwei Jahren mit dem siebenundfünfzigjährigen Giuseppe Borgese, dem hervorragenden antifaschistischen italienischen Historiker,

Dichter und Romancier eine hochromantische Ehe ein. Er war früher Professor für deutsche Literatur an der Universität Rom und lehrt nun in Chicago. Die meisten Familienmitglieder nennen Elisabeth Medi, ihr Vater jedoch nannte sie in »Unordnung und frühes Leid« Lorchen und als »seinem Herzen am nächsten stehend«. Sie war die kindliche Heldin in dieser berühmten Erzählung über die deutsche Nachkriegsgeneration, bei deren Figuren seine Kinder und deren Freunde als Vorbilder dienten. Michael, mit Kosenamen Bibi, ist mit einundzwanzig Jahren der jüngste. Er möchte Geiger werden. In der Familie hält man ihn für den Liebling der Mutter, obwohl sie jedem ihrer Kinder versichert, jedes sei auf seine Art ihr liebstes; die fünf anderen halten das für einen ihrer tröstlichsten Scherze. Alle Manns, einschließlich des Bruders von Thomas Mann, Heinrich, der vor kurzem aus Frankreich eintraf, sind jetzt in den Vereinigten Staaten. Heinrich und Thomas, deren politische Differenzen durch den gemeinsamen Haß auf die Nazis aufgehoben wurde, sind nun in Kalifornien vereint. In einem Vortrag stellte Erika vor kurzem trocken fest, sie repräsentiere das Masseneinwanderungsphänomen, das man als Familie Mann bezeichne.

Thomas Mann ist für seine Kinder ein Problem. Soweit man es ausmachen kann, bringen sie ihm eine Mischung aus Anbetung und Respekt entgegen, zu dem sich jenes leicht blasierte Gefühl hinzugesellt, das man üblicherweise bei den Nachkommen berühmter Eltern feststellt. Wenn der Vater irgendetwas Besonderes sagt, glauben sie sofort, es müsse für die Nachwelt festgehalten werden und rennen auf ihre Zimmer, um es aufzuschreiben. Für sie ist er nicht nur der Vater, sondern auch der große Autor. Einer der älteren Söhne, der nicht mehr zu Hause lebt, überlegt sich bereits vor einem Besuch bei seinem Vater ein anspruchsvolles Thema, über das er mit ihm diskutieren kann. Die Kinder der Mann-Familie sind mit drei Privilegien aufgewachsen, die in europäischen Bürgerhäusern selten waren: Sie hatten die Freiheit, sich ihr eigenes Leben aufzubauen, man lehrte sie, eher für die Musen als für Geld zu arbeiten, und selbst ihre verrücktesten Freunde waren zu Hause immer willkommen. Als Manns Kinder klein waren, durften sie nach dem Abendessen ihrem Vater zuhören, wenn er aus seinen Arbeiten vorlas (er gehört zu jenen Autoren, die ihre Manuskripte der Familie und Freunden vorlesen), und wurden ermutigt, ihre eigenen kindlichen Aufsätze vorzulesen, die von ihrem berühmten Vater mit freundlich kritischer Aufmerksamkeit behandelt wurden. Während der Revolution und der Inflation der Nachkriegszeit ging es weniger formell zu; wegen der Knappheit an Leder rannten die Mann-Kinder den ganzen Sommer barfuß herum, und wegen des Mangels an Lebensmitteln waren sie immer ein wenig hungrig. Da das Sommerhaus, das die Familie früher in Bad Tölz besaß, verkauft worden war, um Kriegsanleihen zu zeichnen, betrieben die Kinder in ihrem Münchner Garten ihre Wasserspiele. Sie zogen ihre Badeanzüge an, und ihr gutgelaunter Vater spritzte sie mit dem Schlauch ab. Selbst hierin setzte sich Thomas Mann hohe Maßstäbe. Bis heute erinnern sich die Kinder, welches Vergnügen es ihm bereitete, seine phantasievollen Wasserspritzereien als Kunst zu bezeichnen. Wenn er ihnen mit dramatischer Stimme die Grimmschen Märchen vorlas, dachten sie, er hätte Schauspieler werden sollen, und wenn er ihnen bizarre Bilder zeichnete, glaubten sie, er sei zum Künstler berufen gewesen. (Tatsächlich hat er als junger Mann einige Zeichnungen von ungewöhnlichen Monstern für den *Simplicissimus* angefertigt.) Wenn er zu den Weihnachtsliedern der Kinder die Altstimme pfiff, fanden sie, er hätte Dirigent werden sollen, eine Laufbahn, die ihm ebenfalls gefallen hätte. Seine eigene Kindheit, die er in Lübeck verbrachte, war strenger nach klassischen Maßstäben ausgerichtet. Sein Schaukelpferd nannte er Achilles, seine Papierpuppen Zeus, Hermes und Helios; sie waren die

Figuren eines olympischen Dramas, in dem er Kriege gegen die Burgen der Götter führte. Er besaß ein eigenes Puppentheater, in dem er zugleich Sänger, Pianist und Violinspieler war, und in dem er ausschließlich Opern aufführte. Die Violine spielte er, bis er erwachsen war, dann beschränkte er sich seiner Aussage nach aufs bloße Zuhören.

Thomas Manns musikalische Kenntnisse sind so bemerkenswert wie seine visuelle Sensibilität beschränkt ist. In seinen Büchern gibt es keine Beschreibungen großer Gemälde, und als jungem Touristen in Rom gefiel ihm eigentlich nur Michelangelos »Jüngstes Gericht«, und zwar hauptsächlich deswegen, weil es ihm wie die Verherrlichung von seinem Pessimismus erschien. Seine Beziehung zur Musik setzt sich aus einer seltsamen Mischung von tiefer Liebe, Kenntnis und einem erstaunlichen Gehör zusammen; seine Bücher sind voll von Einschüben musikalischer Art wie etwa Schuberts »Der abgeblühte Lindenbaum«, einer Arie von Bizet, die in einem Sanatorium vorgetragen wird, und vielfachen Zitaten Wagnerscher Musik, gewöhnlich in Form eines Leitmotivs, das den Tod ankündigt. Die Summe aller Musik findet Mann in Wagner verkörpert, und ihn verehrt er als den Größten, trotz einiger Vorbehalte. Wie Mann in seinem berühmten geistvollen Aufsatz über die Musik des Komponisten schreibt: »Die Texte, um die sie sich rankt ... sind nicht Literatur, aber die Musik ist es.« Manns amerikanische Freunde behaupten, die einzigen Male, daß sie Mann je selbstvergessen erlebt hätten, seien während des Anhörens von Plattenaufnahmen von »Tristan« und »Parsifal« gewesen. Im großen und ganzen ist Manns Musikgeschmack von den Romantikern geprägt, angefangen von Beethoven bis zu Richard Strauss; für Bach empfindet er mehr Achtung als Zuneigung. Mit moderner atonaler Musik kann er praktisch nichts anfangen, obwohl er Strawinskij interessant findet. Für Mann hat die Musik eine größere Bedeutung als für die meisten anderen Schriftsteller, und seiner Theorie gemäß hat er seinen Hauptwerken eine symphonische Form gegeben. Deshalb freut er sich immer besonders über Kritiken, die seine Werke behandeln, als handle es sich um musikalische Kompositionen.

Da er sich durch die laufenden Ereignisse zunehmend vom Leben zurückzieht, ist Mann seit seiner Ankunft in Amerika wenig ausgegangen, weder zu gesellschaftlichen Empfängen noch zu Konzerten, Filmen oder ins Theater. Robert Sherwoods Stück »There Shall be No Night« interessierte ihn letztes Jahr sehr, da er gehört hatte, er selbst sei das Vorbild für die Figur des finnischen Neurologen. Falls das stimme, sagte er, fühle er sich geehrt, aber er erkenne nur geringe Ähnlichkeit. Er hat einige amerikanische Schriftsteller gelesen und ist besonders von John Dos Passos und dem frühen Ernest Hemingway beeindruckt; in letzter Zeit fand er an Frederic Prokosch, James M. Cains »Serenade«, John Steinbecks »Von Mäusen und Männern« Gefallen und war zu einer bestimmten Zeit von Sinclair Lewis' »It Can't Happen Here« begeistert, allerdings mehr unter dokumentarischem als unter literarischem Aspekt. Thomas Mann behauptet, er sei froh, daß seine Söhne und Töchter in einem englischsprachigen Land lebten, weil er Englisch für die einzige literarische Sprache hält, die in nächster Zukunft noch frei gesprochen werden wird. Da es sich dabei um keine Sprache handelt, die er als junger Mensch zu lesen erlernte wie etwa Französisch, das ihn weniger interessiert, ist Mann heutzutage während seiner nachmittäglichen Siesta wieder auf seine Lieblingslektüre, die deutschen Klassiker, angewiesen. Fünfmal hintereinander hat er Goethes »Faust« gelesen, um sich in eine dem 18. Jahrhundert entsprechende Stimmung zu versetzen, in der er dann mit der Niederschrift seiner drei Romane über den biblischen Joseph beginnen konnte.

Diese Trilogie, die 1926 begonnen wurde und als einzelnes Werk unter dem Titel »Joseph und seine Brüder« geplant war, schwoll mit der Zeit zu einem Roman mit dem Titel »Der junge Joseph«, dann zu »Joseph in Ägypten«, der wiederum zwei Bände füllte, und weitete sich schließlich mit einem Band über Jakob, an dem Thomas Mann heute in Kalifornien arbeitet, zu einer Tetralogie aus. Die Josephs-Geschichte (eine kunstvolle Ausführung mit symbolischem Kommentar der bekannten Geschichte aus der Bibel und gelehrten Einlassungen, die Mann aus dem Talmud bezogen hat) hat zum erstenmal in Manns Laufbahn seine amerikanischen Bewunderer in zwei Lager gespalten. Die einen behaupten, sie fühlten sich an Shakespeares »König Lear« erinnert, die anderen, sie könnten es nicht lesen. Der springende Punkt bei diesem Streit scheint die ausschweifende Episode über Potiphars Frau zu sein. Einige Leser Thomas Manns mißbilligen die humorvolle Darstellung von Potiphars Frau während der großen Verführungsszene, in der die Heldin lispelt; das Lispeln kommt daher, daß sie sich bei einem vorhergehenden Verführungsversuch gleichsam auf die Zunge gebissen hat, um ihre Leidenschaft nicht zu verraten. Die meisten Leser allerdings, sogar die unkritischen, finden es komisch, wenn Potiphars Frau (in der englischen Übersetzung) sagt: »Thleep with me«.

Von den intellektuellen europäischen Schriftstellern hat Mann die meisten Bücher verkauft. »Joseph in Ägypten« war 1938 Buch des Monats, und es wurden über 210000 Exemplare subskribiert, abgesehen von den etwa 47000, die im Ladenverkauf abgesetzt wurden. Von den »Buddenbrooks« verkauften sich in Amerika etwa 48000 Exemplare, und vor kurzem wurde das Werk für Blinde als Schallplatte aufgenommen und von der Library of Congress an siebenundzwanzig regionale Bibliotheken verteilt. »Der Zauberberg«, sein in Amerika bekanntestes Buch, wurde 125000 mal verkauft. Von seiner in unserem Land vielleicht beliebtesten Novelle »Der Tod in Venedig« verkauften sich aber nur 20000 Exemplare. Sie wurde jedoch in den Band »Stories of Three Decades« auf-

genommen, das 1936 ebenfalls Buch des Monats wurde und sich im ganzen 92000 mal verkaufte. Wegen der Unterdrückung seiner Werke durch die Nazis konzentrierte sich schon vor dem Krieg Manns größte Lesergemeinde in den USA; gleich dahinter rangierten die skandinavischen Länder. Von den Machthabern in Moskau wurden seine Bücher abwechselnd bewundert und unterdrückt. Nach Ausbruch der russischen Revolution durfte er nicht verlegt werden, weil er ein Bourgeois war. Zur Zeit der französischen Volksfront wurden seine Werke vom sowjetischen Staatsverlag in einer schönen, preiswerten Ausgabe herausgebracht. Kurz vor dem Hitler-Stalin-Pakt wurden seine Werke wieder angegriffen.

Die Einkünfte, die Thomas Mann aus seinem schriftstellerischen Werk bezog, bevor die Nazis seinen Besitz konfiszierten, lassen sich unmöglich abschätzen. Vor dem Exil lebten die Manns auf ziemlich großem Fuß (ein Landhaus im Memelland, ein Stadthaus in München, Automobile, Reisen, sechs Kinder, Ferienreisen), in einem Stil, den sich nur wenige Intellektuelle, nicht einmal Geschäftsleute leisten konnten. Was seine amerikanischen Wohnverhältnisse anbelangt, so baut Mann gerade ein komfortables Haus im kalifornischen Stil in einer Gegend namens Riviera in der Nähe von Hollywood. Seine Haltung zu seinen Einkünften wurde von der Überzeugung geprägt, daß er der Welt eine Botschaft zu verkünden habe. Deshalb hat er den Buchverkäufen immer jene würdevolle Aufmerksamkeit gezollt, die vielleicht ein Prophet seinen Bekehrten gegenüber hegt. Im letzten Jahr, nachdem die romanhafte Episode aus Goethes Leben in den Buchläden als »The Beloved Returns« angekündigt wurde, gefiel ihm der Titel nicht, und er entschied sich für den weniger sentimentalen der Originalausgabe »Lotte in Weimar«. Sein Verleger Alfred Knopf stimmte zu, hob aber hervor, daß viele seiner amerikanischen Leser nicht den Mut aufbrächten, den Verkäufer nach einem Buch zu fragen, bei dessen aus drei Wörtern bestehendem Titel sie zwei wahrscheinlich nicht aussprechen könnten; bei »The Beloved Returns« hingegen wären sie beim Kauf keinen Peinlichkeiten ausgesetzt. Nach ausgiebigem, mehrere Tage dauernden Familienrat verkündete Mann, er schulde den Lesern, die auf sein neues Buch warteten, einen Titel, der ihnen keine Schwierigkeiten bereite. Das Buch wurde als »The Beloved Returns« mit dem Untertitel »Lotte in Weimar« veröffentlicht. Alle, vermutlich auch seine Leser, waren glücklich.

Aufgrund des Gewichts seines Persönlichkeit, die wie eine altmodische, reichverzierte Bibliothekswand solide und schützend hinter dem Opus seines dreißig Bände umfassenden Werkes aufragt, nimmt Mann heute in unserem Land eine einzigartige Position ein, die ihn über all die tausende anderer Intellektueller oder einst wohlhabender Emigranten hinaushebt. Diese in den vergangenen drei Jahren legendär gewordene Stellung erlangte er einerseits dadurch, daß er seinen Rang als Symbolfigur für selbstverständlich erachtet, andererseits deshalb, weil ihn sein stolzer, selbstbewußter Charakter zu einem Anziehungspunkt für eine ganze Reihe deutscher Flüchtlinge macht, die es satt haben, sich ihrer Nationalität zu schämen; sie schöpfen Trost aus dem Stolz dieses deutschen Gentleman, den sie vielleicht persönlich nie kennengelernt und dessen Bücher sie möglicherweise nie gelesen haben. Thomas Mann ist aber auch eine Symbolfigur für die zu Hause gebliebenen Generationen geworden, die tatkräftig, unbewußt und auf fatale Weise dabei mitgeholfen haben, ihn aus seinem Vaterland ins Exil zu treiben. Wie er kürzlich an seine beiden ältesten Kinder schrieb: »Die Freiheit in Deutschland und in der Weimarer Republik wurde zerstört; wir, ihr und ich, sind daran nicht ganz schuldlos.« Vielleicht hätte auch der Weimarer Goethe, Manns Spiegelbild, in dieses weitläufige Schuldbekenntnis mit einbezogen werden sollen. Es steht außer Frage, daß Mann etwas gelang, was die meisten anderen Autoren lieber vermieden hätten – er projizierte seine Person in die vergangene Geschichte und machte auf diese Weise seine literarischen Fortschritte in der Gegenwart. Dank seiner Blutsbande gleicht er ohnehin einem mittelalterlichen Porträt von Holbein, und dank seiner vom 19. Jahrhundert geprägten literarischen Vorlieben konzentrierte sich sein Denken als junger Schriftsteller auf den aus dem 18. Jahrhundert stammenden Goethe. Zu Beginn des 20. Jahrhunderts, mit dem zögernden Aufkommen politischer Ideen, bezog Mann aufgrund seines verspäteten Interesses an Politik seine ideologische Ausrichtung aus der bürgerlichen Epoche, den Bismarckschen Gründerjahren, die eine Welt verkörperten, die die anti-wilhelminische Jugend bereits hinter sich lassen wollte. Selbst in der Wahl seines Wohnortes zeigte sich Mann als bürgerlicher Mensch, elegant und altmodisch zugleich, indem er sich das stille, akademisch-intellektuelle München zum Familiensitz erkor: eine Stadt des köstlichen Rokokos und des feinen Neo-Barocks, eine Stadt voller sentimentaler Träume, ohne Fabriken, meilenweit südlich gelegen von der kalten industriellen Atmosphäre des harten Berlin. Vielleicht wurde Mann allein durch die Tragödie des Exils dazu gezwungen, zeitgemäß zu werden.

Freunde behaupten, Thomas Mann leide zutiefst an seinem Emigrantenschicksal, an der Trennung von seinem Volk und seiner Sprache. Wo die Umstände ihn auch hingetrieben haben, von München nach Zürich, nach Le Lavandou, in die Stockton Street in Princeton und an die kalifornische Küste, immer hat er sich auf kultivierte Weise bemüht, er selbst zu bleiben. Manche Flüchtlinge sind Chamäleons und nehmen die Farbe ihrer Umgebung an; Mann gleicht eher einer Schnecke, die ihr selbstgebautes Haus mit sich trägt, wohin sie auch geht. »Ich werde immer das Gefühl haben, heimzukommen«, sagte ein ebenfalls exilierter Freund, »wenn ich das Haus von Thomas Mann betrete, gleichgültig in welchem Land. Dort ist unsere Trauer über das Fremdsein gestattet, unser

Heimweh, unsere manchmal ausbrechende Liebe für die deutsche Sprache und Musik – all das ist erlaubt. Er ist die wichtigste, trostspendende Person für uns. Sein Schreiben, seine Kunst, seine Weisheit, sein Leben sind durch die äußeren Umstände nicht verdüstert worden.«

Wie die Umstände auch sein mögen, Mann, der nun Mitte sechzig ist, glaubt nicht, daß er sie noch lange erträgt. Da er gewohnt ist, die Schicksale seiner Helden auf dem Papier zu entscheiden, hat er sein eigenes *finis operis* (ein Ausdruck, mit dem er alle seine Manuskripte zu beenden pflegt) festgelegt. In seinem »Lebensabriß« stellt er kommentarlos fest: »Ich vermute, daß ich im Jahre 1945, so alt wie meine Mutter, sterben werde.«

(Dezember 1941)

Bette Davis
Cotton-Dress Girl

Bette Davis' Karriere als Kinostar begann damit, daß der Beauftragte ihres Studios sie bei ihrer Ankunft am Bahnhof von Los Angeles nicht erkannte, weil sie seiner Meinung nach nicht wie eine Schauspielerin aussah. Wenn die Millionen Kinobesucher sie heute nicht von der Leinwand kennen würden, kämen sie vielleicht zur gleichen Ansicht. Doch die Tatsache, daß Miss Davis es vorzog, nicht erkannt zu werden, machte einen Teil ihres Erfolgs aus. Als sie in Hollywood eintraf, besaß sie nichts, das für sie gesprochen hätte, außer ihrer Intelligenz, und die galt als Nachteil. Außerdem wurde bemängelt, ihr Lächeln sei zu schief, ihr Kopf habe die falsche Form, ihr Mund sei zu klein, ihre Augen zu groß, ihr Hals zu lang und ihre erotische Ausstrahlung zu gering. Darüberhinaus glich ihre Figur eher einer Mandoline als einer Gitarre. Die Universal Studios, die das Pech hatten, ihren ersten Vertrag nicht zu verlängern, hielten sie für eine verkrampfte junge Person, die es nie zu etwas bringen würde. Ihr Boss Carl Laemmle Jr. tat sie als »cotton-dress girl« ab, denn damals brachte der Typ des »satin sweethearts« die Kinokassen zum Klingeln. Samuel Goldwyn, der erste Produzent, der Probeaufnahmen von ihr machen ließ, soll nach der Vorführung des Films geseufzt haben: »Wer hat mir das angetan?« Einige Jahre später mußte ihr Goldwyn als Star in seinem Film »The Little Foxes« ein Vermögen zahlen. Der einzige, der 1930 glaubte, Bette Davis gehöre nach Hollywood, war ihr Theateragent, und der saß in New York und war offensichtlich nicht zurechnungsfähig. Nachdem er im Osten einen Vertrag mit ihr unterzeichnet hatte, erklärte er sie zum größten Risiko, das er je eingegangen sei. Heute hat sie das Prestige des absoluten weiblichen Top-Stars von Hollywood, verdient eine Viertelmillion Dollar im Jahr (brutto) und verfügt über ein gutes Gedächtnis.

Miss Davis wurde am 5. April 1908 in Lowell, Massachusetts in einem grauen, schindelgedeckten Haus geboren, das ihr Großvater Favor in der Chester Street erbaut hatte; der Großvater war ein Nachkomme kämpferischer Hugenotten und eifriger Verfechter der Sklavenbefreiung. Sie behauptet, der einzige Bezug zwischen ihrem Elternhaus und ihrer Karriere sei das Kämpferische. In Hollywood hat sie sich von unten nach oben gekämpft, und mehr als einmal fing sie wieder von vorn an. Bette ist eine streitbare, vitale Neuengländerin mit Prinzipien, für die sie auch in den Studios eintrat. Sie hat einen wachen, geschulten Verstand, eine ungestüme Ausdrucksweise und ein klarsichtiges Urteil. Sie ist der intellektuelle, aber ruhelose Typ. Sie mag sich bei einer Sache täuschen, aber sie durchdenkt alles aufs Beste. Ein Studioangestellter, der ihr zum erstenmal während der Dreharbeiten zu »Watch on the Rhine« begegnete, berichtete, sie mache den Eindruck einer typischen Ostküsten-Lehrerin, die sich blitzartig in eine umwerfende Schauspielerin verwandle. Sie ist diszipliniert, aber unberechenbar; sie ist mutig, kreativ und haßt alles Eintönige. Sie ist aufrichtig und absolut ehrlich. Sie ist eine Individualistin, und Hollywood, das diese Eigenschaft einst grob als nervtötend abqualifizierte, fand inzwischen den höflicheren Ausdruck »freimütig« dafür. Jeder, der sie antreiben will, bereut es, obwohl sie sich gewöhnlich führen läßt. Ihre Energie zwingt sie zu heftigen Gefühlen, die sie nicht versteckt. Sie sei der Typ, sagt man in Hollywood, der in der Rolle eines Flittchens einen Mann lieber mit Worten als mit ihren Reizen verführt.

Miss Davis kam als junge Broadway-Schauspielerin mit dem

seltsamen Aberglauben nach Kalifornien, Regen bringe ihr Glück. Der ewige Sonnenschein während der folgenden drei Jahre war ihr entsprechend zuwider. Eigentlich wollten die Universal Studios sie in »Strictly Dishonorable« als Star herausbringen, aber nach ihrer Ankunft fand man, sie habe nicht genügend Sex-Appeal. Bei dem Versuch herauszufinden, über welche Talente sie überhaupt verfüge, und um sie gleichzeitig mit den Gepflogenheiten Hollywoods vertraut zu machen, verlangte Universal, daß sie ihren Namen in Bettina Dawes ändern lassen sollte, was angeblich natürlicher klang, und daß sie sich bei Probeaufnahmen im Lauf eines einzigen Nachmittags von fünfzehn männlichen Stars küssen lassen sollte. Nachdem das ausgestanden war, besetzten sie die Studiobosse für die Rolle der guten Schwester in Booth Tarkingtons »The Flirt«, der unter dem Titel »Bad Sister« gedreht wurde. Sie hielt sich in dieser Rolle für einen Reinfall, was ihr die anderen auch bestätigten. Nach ihrem Auftritt in einem Film namens »Hell's Home«, der in nicht mehr als acht Tagen abgedreht war, kam die Studioleitung zu dem Schluß, daß sie überhaupt keine Ausstrahlung habe und verlieh sie für den Rest des ersten Jahres an andere Gesellschaften, die sie mit Perücken und falschen Wimpern versahen und sie gelegentlich um ein paar Lacher willen aufs Gesicht fallen ließen. Im zweiten Jahr, als endlich ein glücksverheißender Regentag kam, packte Miss Davis ihre Koffer, um als Hollywood-Niete nach New York zurückzukehren. Überraschenderweise erhielt sie einen Anruf von George Arliss, damals einer der wenigen traditionellen Bühnenautoren der Stadt, der ihr die weibliche Hauptrolle in »The Man Who Played God« anbot. Das Engagement bei George Arliss veränderte ihre Lage insofern, als es ihr vorübergehend einiges Ansehen verschaffte und damit die Enttäuschungen des zweiten Jahres noch unerträglicher erscheinen ließ. Zu Beginn des vierten Jahres, nachdem ihr Vertragspartner Warner Brothers sechs Monate lang immer neue Ausreden gefunden hatte und sich schließlich keine andere Schauspielerin für den Job interessierte, durfte sie endlich die große Rolle der Kellnerin Mildred in der Verfilmung von Somerset Maughams »Of Human Bondage« spielen. In dieser Rolle verkörperte sie ein einfaches Mädchen, ein »cotton-dress girl«, und damit gelang es ihr, sich als neuen Filmtyp zu etablieren.

Mit der Rolle der Mildred machte sich Bette Davis in Hollywood und in der übrigen Welt einen Namen. Ihre vermeintlichen Nachteile waren zum Grund ihres Erfolgs geworden. Da ihre kritischen Fähigkeiten aufgrund der Niederlagen, die ihr Ego in den vergangenen drei Jahren hatte einstecken müssen, stark verkümmert waren, wäre Miss Davis nie auf die Idee gekommen, für die Rolle der Mildred den Oscar als beste weibliche Darstellerin zu beanspruchen. Dennoch verfielen ein paar streitlustige Kritiker in New York und Kalifornien auf diesen Gedanken, nachdem der Oscar an die unbestreitbar hervorragende Claudette Colbert in »It Happened One Night« gegangen war, einem Film, der sich zudem als größerer Kassenschlager herausstellte als die Maugham-Verfilmung. Also erhielt Miss Davis, verspätet, aber zurecht, im nächsten Jahr den Oscar; der Preis galt eigentlich ihrer Rolle als Mildred, wurde aber offiziell für ihre weniger bemerkenswerte Darstellung der Joyce Heath in »Dangerous« verliehen. Zwei Jahre später begann das Selznick Studio mit derart gigantischen Vorbereitungen für »Gone with the Wind«, daß Warner Brothers hastig ein eigenes Bürgerkriegsopus namens »Jezabel« zusammenzimmerten und Miss Davis die Titelrolle anvertraute. Obwohl Miss Davis die Hoffnung geäußert hatte, für die Rolle der Scarlett an Selznick ausgeliehen zu werden, fand der Regisseur, als Neuengländerin mangle es ihr an südstaatenhaftem Sex-Appeal, den er kurz darauf in der Britin Vivian Leigh entdeckte. Miss Davis spielte nicht nur die Jezabel, sondern gewann dafür auch ihren zweiten Oscar, was verglichen mit dem Verlust der Rolle der Scarlett noch unvorteilhafter war. Denn als sie im nächsten Jahr in »Dark Victory« ihre nach Kritikermeinung reifste Leistung ablegte, erhielt Miss Leigh fast automatisch den Preis für ihre Darstellung in »Gone with the Wind«. Das Paradox stellt sich in Hollywoodscher Kurzform folgendermaßen dar: bei »Victory«, ihrer Meisterleistung, verlor Davis den Oscar an Leigh, die ihn für »Wind« bekam, weil Davis ihn gerade für »Jezabel« bekommen hatte und nicht für ihren anderen großen Erfolg »Bondage«, da damals der Preis an Colbert für »Night« gegangen war und Davis daher ihren ersten Oscar für »Dangerous« bekam. Hinzu kommt, daß ironischerweise der Name Oscar für die bronzene Statuette Bettes Erfindung war, denn damals war sie mit Harmon Nelson verheiratet, dessen zweiter Name Oscar war.

Eines von Miss Davis' Lieblingsschmuckstücken ist ein Geschenk ihrer Familie, ein goldenes Armband mit kleinen goldenen Eiern: Eine Anerkennung für die talentierte Gans, die diese Eier gelegt hat. Ihre Familie, die immer einen wesentlichen Teil ihres Lebens ausgemacht hat, besteht inzwischen nur noch aus ihrer Mutter, Mrs. Ruth Davis, die das Leben von Bette klug geformt hat und ihre weise Ratgeberin ist, und Bettes jüngerer, brünetter Schwester Barbara, inzwischen Mrs. Robert Pelgram. Ihnen fühlte sie sich besonders eng verbunden, da ihre Eltern geschieden wurden. Ihr Vater, der verstorbene Harlow Morell Davis, war Patentanwalt. Bis sich das Trio der Davis-Damen zusammen in Kalifornien niederließ (jetzt leben sie natürlich nicht mehr zusammen), wohnten sie im Lauf von fünfzehn Jahren in annähernd fünfundsiebzig Häusern – in Lowell, Somerville, Newton, Boston, Norwalk, Worcester, Rochester und so weiter – zuerst deswegen, weil Mrs. Davis als Fotografin viel auf Achse war, um sich und ihre Töchter durchzubringen, später weil Bette mit Tourneetheatern herumzog. Die Mädchen besuchten die ersten vier Jahre eine elegante Privatschule in den Berkshires, die nächsten vier, nachdem die Familie in eine dunkle Wohnung auf der Upper

Westside in New York gezogen war, die ihren Verhältnissen eher angemessene Public School 186, wo Bette eine hingebungsvolle Pfadfinderin war und den New Yorker Schulpreis für Plätzchenbacken gewann. Die Highschool begann Bette in East Orange und beendete sie an der Cushing Academy in Ashburnham, Massachusetts. Dort verliebte sie sich im zweiten Jahr, im Alter von sechzehn Jahren, in den Studenten Harmon Nelson, ihren späteren Mann, und um Schulgeld zu sparen, bediente sie bei Tisch, eine Erfahrung, die sie ihrer Meinung nach sogar noch mehr reifen ließ als die Liebe.

In diesem Sommer kam die verschuldete Mrs. Davis mit ihren Kameras und ihren Töchtern nach Peterborough, New Hampshire, wo es eine Menge Schauspieler und Theateraktivitäten gab. Bette begeisterte sich dort für die Vorführungen der anglo-indischen Tänzerin Roshanara, die hier Tanzkurse abhielt, und wurde eingeladen, als Freischülerin eine Tanzausbildung zu erhalten. Roshanaras plötzlicher Tod und die zufällige Unterhaltung, die Mrs. Davis mit dem Schauspieler Frank Conroy führte, veränderten alles. Er behauptete später, zum erstenmal in seinem Leben habe er einer Mutter geraten, ihre Tochter solle die Bühnenlaufbahn einschlagen. Bette hatte erst zweimal ein Theater von innen gesehen: das erste Mal, um »The Easiest Way«, das zweite Mal, um Ibsens »Wildente« zu sehen. Die Rolle der schwermütigen Hedvig machte großen Eindruck auf sie. Mrs. Davis, die zugleich Ratgeberin und Prophetin war, sagte voraus, ihre Tochter habe die Rolle so gut wie in der Tasche.

Die folgenden Jahre stellte Miss Davis unter das Motto: »Wenn ein Mädchen wirklich Schauspielerin werden will, kann sie nichts davon abhalten.« Den ersten Versuch, sie davon abzuhalten, unternahm Eva Le Gallienne, die sie die Rolle einer fünfundsiebzigjährigen Holländerin lesen ließ und sie daraufhin sehr schnell als »leichtsinniges junges Mädchen« fortschickte. Mrs. Davis wandte sich im Anschluß daran an John

Murray Anderson und sagte, sie wisse zwar nicht, wie sie den Unterricht bezahlen solle, aber ihre Tochter müsse unbedingt an seiner Schauspielschule studieren. Das tat Bette während der nächsten zwei Jahre schließlich auch. Ihre beste Freundin war Rosebud Blondell. Miss Davis erhielt ihr erstes Engagement in George Cukors Ensemble in Rochester, das im Winter dort gastierte, und hatte 1928 in »Broadway« ihr Debüt, das aus einem einzigen Satz bestand. Die prophetische Mrs. Davis jedoch riet ihr, die größere Rolle einer Figur namens Pearl zu lernen, da sich die dafür verpflichtete Schauspielerin den Fuß verstauchen werde. Genau das geschah, und Bette spielte die Pearl. Im nächsten Sommer glaubte Bette, sie sei zusammen mit Peggy Wood, Basil Rathbone und Ronney Brent im Cape Playhouse in Dennis, Massachusetts, engagiert, aber bei ihrer Ankunft stellte sich das als Mißverständnis heraus. Doch man bot ihr an, bleiben zu können, wenn sie als Platzanweiserin arbeiten wolle. Miss Davis blieb und lernte aus eigenem Antrieb alle Rollen der jungen Naiven. In der letzten Woche bekam sie als Dinah in »Mr. Pim Passes By« ihre Chance. Im Frühjahr 1929 gab sie im Princetown Theatre in New York ihr Debüt, wo sie in »The Earth Between«, einem ländlichen Drama unter der Regie von John Light, die Rolle der Farmerstochter Floy spielte. Am nächsten Morgen schrieb Brooks Atkinson in der *Times,* daß eine gewisse Anfängerin namens Bette Davis »ein bezauberndes Geschöpf« sei. Während dieser Spielzeit traf die Prophezeiung ihrer Mutter ein. In Blanche Yurkas Tourneetheater spielte Miss Davis die Rolle der Hedvig in der »Wildente«, nachdem sie selber durch eine Masernerkrankung, die ihre Mutter nicht vorhergesehen hatte, ihre Chance fast verpaßt hätte. Als 1929 die Spielzeit am Broadway begann, war Miss Davis im Ritz Theatre als junge Naive in einer Farce mit dem Titel »Broken Dishes« dabei. Das Stück brachte es auf einhundertachtundsiebzig Vorstellungen. Miss Davis bekam am Schluß der Spielzeit dreihundert Dollar die Woche und glaubte, nun habe sie es geschafft. Als Goldwyn aus Kalifornien sein Paramount Studio anwies, Probeaufnahmen von Miss Davis zu machen und die sich als schrecklich herausstellten, war Bette nicht überrascht. Als New Yorker Schauspielerin hielt sie nicht viel von dem, was Hollywood produzierte; das gleiche galt vermutlich für Clark Gable, Humphrey Bogart und Franchot Tone, die damals ebenfalls fest am Broadway engagiert waren. 1929 hinkte Hollywood dem Broadway noch hinterher.

Soweit es ihr möglich war, folgte Miss Davis in ihrer Filmkarriere der Devise »Ich liebe Tragödien«. Klugerweise arbeitete sie darauf hin, Hollywoods einzige weibliche Expertin für tragische oder zumindest unglückliche Heldinnen zu werden. Bis Pearl Harbour war sie die amerikanische Favoritin der japanischen Kinobesucher, weil sie in deren Augen das bewundernswürdige Prinzip tragischer Selbstaufopferung verkörperte. Als nüchterne Neuengländerin, der Happy-ends ohnehin verdächtig vorkamen, sah sie bereits einen breitkrempigen Damenhut als Ausdruck des kitschig Sentimentalen an und ließ später sogar eine Klausel in ihren Vertrag aufnehmen, die es ihr gestattete, es abzulehnen, Hüte tragen zu müssen, die wie ein dämlicher Korb voller Rosen aussahen. Um von Miss Davis Bestleistungen zu bekommen, behaupteten ihre Regisseure, müsse sie eine intelligente Frau spielen, die entweder falsch sei oder betrogen würde – intellektuelle Typen, vorzugsweise mit dunkler Vergangenheit oder in sonst irgendwelche schicksalhaften Dramen verstrickt –, und das Ganze möglichst vor dem Hintergrund eines Erdbebens, eines Mordes in der Oberschicht oder während historischer Umbrüche.

Verglichen mit den dramatischen Rollen, in die sie sich aufgrund ihrer Fähigkeiten hineinlebte, deren Charaktere mit so passenden Namen wie Gabrielle Maple, Judith Traherne, Charlotte Lovell oder Henrietta Deluzy-Desportes sie bis zum Abgrund vollendet entwickelte, führte Miss Davis ein ver-

gleichsweise ruhiges Leben. 1933 heiratete sie Harmon Nelson, der damals Pianist in einer Tanzkapelle war. Nelson wurde Leiter seines eigenen Nachtkluborchesters im Colony Club in Hollywood. Die Ehe hielt nur sechs Jahre. »Er war zu anständig, um aus meiner Stellung Kapital zu schlagen. Der immense Unterschied unserer Einkommen entmutigte ihn. Das hat ihn mehr fertiggemacht als alles andere«, schrieb Miss Davis später in schonungsloser Offenheit im *Ladies' Home Journal* ganz im Stil eines harten modernen Drehbuchs über ein unglückliches Frauenschicksal.

Inzwischen ist Miss Davis mit Arthur Farnsworth aus Rutland, Vermont, verheiratet, einer Stadt, in der sein Vater als Arzt tätig ist. Farnsworth ist ein hübscher rotwangiger, gelassener Neuengländer, der früher Berufsflieger war und heute immer noch Mitglied der Quiet Birdmen ist. Er arbeitet für die Minneapolis-Honeywell Regulator Company, die heute Thermostate und andere Geräte für die Luftfahrt herstellt; zeitweise stellt er im Auftrag seiner Firma in den Disney Studios Kurzfilme für die Luftwaffe her. Die beiden lernten sich im Frühjahr 1939 in Rutland kennen. Als Farnsworth plötzlich Ende des Jahres in Kalifornien auftauchte, deuteten Klatschkolumnistinnen an, Miss Davis würde mit ihm durchbrennen. »Vor wem sollte ich ausreißen – vor meinem Koch?« fragte Miss Davis spitz zurück und machte sich am Neujahrsabend mit Farnsworth heimlich auf die Ranch eines Freundes davon, wo die Hochzeit stattfand.

Die Farnsworths leben in einem spärlich besiedelten und wenig eleganten Teil von Glendale, im vermutlich einzigen Haus der Filmkolonie, das nur über zwei Schlafzimmer und achttausend Quadratmeter Grund verfügt. Ihr einstöckiges, spitzgiebliges Hexenhäuschen ist von einem netten Stück Land umgeben, wovon jeder Zentimeter für die in Kalifornien unentbehrlichen Dinge gebraucht wird: einen Swimming-pool, Hecken, Garten, Grillplatz, eine kleine Pferdekoppel und Ställe für vier Pferde, zu denen auch ein Palomino zählt, eine helle Rasse, die in Hollywood gerade modern ist. Miss Davis schwimmt so gut, daß sie früher sogar in der ansonsten rein männlichen Lebensretter-Riege von Ogunquit, Maine, Mitglied war, und sie ist eine kühne Reiterin, eine Fertigkeit, die sie allen Warnungen zum Trotz auf widerspenstigen Studio-Gäulen erlernte. Das Grundstück der Davis' heißt Riverbottom, weil es im Mündungsgebiet des Los Angeles Rivers liegt. Das Haus, für das sie fünfzigtausend Dollar bezahlt haben soll, ist so fest gebaut, daß es die Flut von 1938 überstand, bei der viele der benachbarten Häuser fortgespült wurden; auf dem Immobilienmarkt ließ es sich nicht verkaufen, bis Miss Davis ein paar Jahre später auftauchte und entschlossen war, der Gegend wieder zu vertrauen. Obwohl sie die Errettung des Hauses für einen Fingerzeig Gottes hielt, fand sich keine Versicherung in der Umgebung, die derselben Meinung gewesen wäre. Riverbottom wurde schließlich von Lloyd's versichert.

Da sie als sparsame Puritanerin die Zwangsversteigerungen bei anderen Filmstars, die sich finanziell übernommen hatten, beängstigten, behauptete Miss Davis, sie besitze in Kalifornien nichts, was sie nicht in einem Koffer an die Ostküste zurücktragen könne. Der tiefere Grund, daß sie das kleine Anwesen im Westen überhaupt kaufte, bestand darin, daß sie in New Hampshire ein großes Landhaus mit großem Grundbesitz erworben hatte. Der Ort heißt Butternut Hill und liegt in den White Mountains. Jahrelang verbrachte sie mit ihrer Mutter die Pausen zwischen den Filmen damit, es mit antiken amerikanischen Möbeln einzurichten. Farnsworth und die Davis-Damen kommen mit den Einwohnern der Gemeinde gut aus; die Nachbarstadt Littleton am Amonoosuc Fluß gab für Miss Davis anläßlich ihres dreiunddreißigsten Geburtstags eine Party, bei der sie und der Gouverneur des Staates die Parade anführten.

Wenn sie sich in ihrem kalifornischen Exil aufhalten, leben die Farnworths, die keinen Wirbel um sich mögen, sehr zurückgezogen. Vor dem Kamin an ihrem Freisitz schätzen sie Alexander-Cocktails, unterhalten ihre Gäste mit Löffeln, die sich verbiegen und ähnlichen Scherzen, aber sie servieren ausgezeichnetes Essen und besten Wein. Die Einrichtung in Riverbottom ist geschmackvoll, die Möbel stammen aus verschiedenen Stilperioden und werden offensichtlich viel herumtransportiert. Miss Davis ist eine Frau, wie ein Möbelpacker sie sich erträumt: ständig räumt sie irgendwelche Einrichtungsgegenstände herum oder läßt sie einlagern. Letzten Sommer, als ein New Yorker Bekannter das erstemal zum Abendessen eingeladen war, befand sich das Haus gerade in halbleerem Zustand. Miss Davis erklärte den verwunderten Möbelpackern, bei dem Gast handle es sich um einen Intellektuellen, der Möbel liebe, und sie sollten die fehlenden Stücke so schnell wie möglich aus dem Lager holen, gleichgültig wie spät es auch werden würde. Um zehn Uhr abends tauchten die Packer mit der letzten Ladung auf, gerade als zum Abschluß des Dinners der Kaffee aufgetragen wurde.

Auch für Verleger ist Miss Davis eine Freude. Sie liest praktisch alles, sobald es auf dem Markt ist, insbesondere Romane, da Geschichtenerzählen, wie sie betont, ihr Beruf sei. Einmal begeisterte sie sich für Proust, gab ihn aber schnell wieder auf. Bei den Dreharbeiten liest sie nie, obwohl viele Stars das tun. Denn wenn sie arbeitet, muß sie um halb sechs in Glendale aufstehen, um gegen sieben in der Maske der Warner Studios zu sitzen, und da sie gewöhnlich nicht vor sieben Uhr abends nach Hause kommt, muß sie ihre Lektüre meist im Bett erledigen. Zu ihren Schauspielerfreunden zählen Kay Francis, Olivia de Havilland und Geraldine Fitzgerald, alle drei intelligente Frauen. Die Farnsworths treffen sich mit Mr. Farnsworths Fliegerkameraden vom nahegelegenen Flugplatz und alten Freunden aus dem Osten. Von den Mitarbeitern bei Warner ist Miss Margaret Davis, die Leiterin der Maskenabteilung und gleichzeitig ihre Friseuse, Miss Davis' Vertraute. Die beiden Damen bedenken sich in ihren Testamenten immer wieder mit ihren neuesten Talmi-Juwelen. Miss Donovan war auch Trauzeugin bei ihrer Heirat mit Farnsworth. Hinter den Kulissen hat Mrs. Bridget, eine englische Dame mit gemmenhaftem Gesicht, großen Einfluß; sie ist eine alte Freundin von Miss Davis, die offiziell die Fan-Post des Stars betreut. Doch die Verbindung zwischen den beiden ist tiefergehend. Mrs. Price ist ganz allgemein ihre Ratgeberin und Hilfe in vielen Bereichen.

Wird jemand ein großer Star, so verändert das oft seine Persönlichkeit, gewöhnlich auf die drei folgenden Arten: entrückt und einsam verläßt die Leidtragende das Haus nicht mehr, oder sie wird zu einer öffentlichen Figur, die sich ständig überall zeigt, oder sie wird ein Glamour-Star, wo immer sie sich aufhält. Letzteres war Miss Davis vor Jahren etwa einen Monat lang. Diese Phase endete, als sie mit einer eleganten schwarzen Limousine, weißem Pudel und livriertem Chauffeur, in ein melancholisch schwarzes Samtkostüm gehüllt, ihre Mutter, die von einer Reise in den Osten zurückkehrte, vom Bahnhof in Los Angeles abholte. Mrs. Davis wollte ihren Augen nicht trauen und hielt mit ihrer Meinung nicht hinter dem Berg. Das Glamour-Gehabe wurde noch am gleichen Tag abgelegt.

Bevor Miss Davis erfolgreich war, schlich sie sich jahrelang in kleine Kinos, um ihre Filme anzusehen und zu leiden. Über die große Hollywood-Premiere anläßlich des Films »All This and Heaven, Too« bemerkte sie, die wartende Menschenmenge und ihren Namen in der Leuchtreklame zu sehen, habe sie mit tiefer Freude erfüllt, und die Erregung, die Atmosphäre der Galavorstellung in sich einzusaugen und das Flüstern und den Applaus zu hören, sei viel größer gewesen, als sie erwartet habe. Sie hatte lange darauf warten müssen und geglaubt, es würde nie dazu kommen.

Letzten Sommer gründete Miss Davis die Hollywood Canteen, wobei die Polemik diesmal nicht von ihrer Seite kam. Ihre Idee, daß die Canteen zwar unabhängig, aber dennoch mit der New York Stage Door Canteen, die ihr als Vorbild diente, verbunden sein sollte, verärgerte die Chauvinisten aus der Filmbranche und die Zeitungen Hollywoods, die schnell bei der Hand sind, jegliche Art von Verbeugung vor dem Broadway zu verdammen. Nach vielen Gesprächen und einer Menge Arbeit eröffnete die Canteen in einem aufgegebenen Nachtclub auf dem Cahuenga Boulevard. Genau wie in New York waschen hier die Stars die Teller ab, bedienen an den Tischen und kümmern sich um aufstrebende Talente. Am Tag vor der Eröffnung, als Miss Davis gerade den Boden wischte, kam ein Soldat herein, der von dem Menschenauflauf angelockt worden war. »Sagen Sie mal, Sie sehen aus wie Bette Davis«, stellte er fest. Sie antwortete, sie sei es. »Nun, Lady, Ihre Filme sind sicher ein Mist, aber Sie sehen toll und wie das blühende Leben aus«, meinte er.

Im wirklichen Leben verhält sich Miss Davis genau so, wie man es von ihren Leinwandauftritten erwarten würde. Im persönlichen Kontakt ist sie lebhaft, einnehmend, unruhig und ohne Förmlichkeiten. Sie gestikuliert viel, wie in »Little Foxes«, und hat einen nervösen Tick, den Kopf herumzuwerfen, wie in »The Old Maid«. Auch ihr Lachen klingt melodiös. Im Gespräch ist sie sachlich, anregend und persönlich und wirkt durch plötzliche Einfälle, Reaktionen und Nebenbemerkungen fast so, als spräche sie zu sich selbst (was sie zugegebenermaßen auch tut). Ihr Vokabular ist eine Mischung aus Slang und komplizierten Ausdrücken. Früher erinnerte es an Komödien der Restaurationszeit, bis irgendein Kameramann sie einmal während einer ihrer hitzigen Auseinandersetzungen im Studio filmte. Nachdem sie den Film gesehen hatte, meinte sie: »Meine Flüche sind monoton«, und gab die Flucherei auf. Sie raucht immer noch sehr viel, was als ihr zweites Laster gilt. In Wirklichkeit wirkt sie kleiner als auf der Leinwand. Sie ist einsvierundsiebzig und achtet darauf, daß ihr Gewicht nicht unter einhundertzehn Pfund fällt. Als Königin Elizabeth wog sie neunzig Pfund, ihre königlichen Gewänder fünfundsiebzig. Zwischen den Mahlzeiten trinkt sie gern Buttermilch, und für Muschelsuppe nach Ostküstenart hatte sie schon immer eine Schwäche. Wie viele arbeitende Frauen haßt sie Kochen.

Miss Davis wäre gern als Schönheit zur Welt gekommen. Ihr herrlicher aschblonder Haarschopf ist das einzige äußere Merkmal, mit dem sie zufrieden ist. Bei ihrer ersten Filmrolle mußte sie ihr Haar auf Anweisung des Regisseurs bleichen lassen, was sie schrecklich erzürnte. Es wieder in seiner ursprünglichen strahlenden Farbe nachwachsen zu lassen, war einer ihrer frühen Siege. Als sie von einem Filmkritiker als »Pop-Eye the Magnificent« bezeichnete wurde, brüllte sie abwechselnd vor Lachen und Ärger.

»Ach, das gleiche alte Gesicht!« rief sie kürzlich in ihrer Garderobe vor einem verblüfften Interviewer aus. »Man stelle sich vor, es bei einem Job wie diesem fünfzigmal am Tag anschauen zu müssen!« Es sind ihre berühmten großen Augen, die anfänglich weder Hollywood noch ihr gefielen, die schließlich aber zu ihrem Aufstieg im Filmgeschäft beitrugen. Als man in Hollywood auf den Gedanken kam, Analysen anfertigen zu lassen, wurde herausgefunden, daß auf der Leinwand die Augen achtzig Prozent der Wirkung ausmachen. In »Dark Victory« machte Miss Davis hundert Prozent daraus. Da sie eine Frau spielte, die vom Wahnsinn bedroht war, verlangte der Regisseur, sie solle ihre Störung durch wildes Gestikulieren ausdrücken. Sie entschloß sich, nur ihre Augen einzusetzen. Langerfahrene Kameraleute behaupten, sie habe die schönste Schulterpartie seit Elsie Ferguson. Sogar ihre erotische Ausstrahlung, um die sich die Studios anfänglich so viel Sorgen gemacht hatte, wurde neu bewertet. Als vor zwölf Jahren ein Produzent behauptete, sie habe nicht mehr Sex-Appeal als Slim Summerville, ging ihr das zu weit. Heute gehen die Produzenten noch weiter; sie behaupten, sie besitze jenen unterkühlten, puritanischen Sex, gegen den die strengen Sonntagsgesetze erlassen werden mußten.

Die Regisseure behaupten, daß es eine sehr interessante Erfahrung sei, mitzuerleben, wie nach der Vorbesprechung für einen neuen Film niemand das Studio verlassen hätte. Sie geht nicht einmal zum Kaffeetisch in der Mitte links hinüber, wenn sie nicht davon überzeugt ist. Ihre Meinungsverschiedenheiten mit Regisseuren ergeben sich gewöhnlich aus der Tatsache, daß sie immer mehr Theater- als Filmschauspielerin ist. Instinktiv gibt sie dem Realismus der Bühnendarstellung den Vorzug vor Kameraästhetik und Publikumswirksamkeit. In dem Film »Watch on the Rhine« in dem sie die Frau eines anti-nazistischen Flüchtlings in Amerika spielt, wollte sie lieber Baumwoll- statt Seidenstrümpfe tragen, obwohl letztere auf der Leinwand besser wirken. Während ihrer ersten Hauptrolle in »Bordertown« ließ der erste Streit mit Warner Brothers nicht lange auf sich warten; laut Drehbuch sollte sie mitten in der Nacht aus dem Bett geholt werden, wobei sie realistischerweise darauf bestand, ihr Gesicht mit Coldcreme einzuschmieren. Die Debatte darüber war lang und teuer; sie dauerte einen ganzen Tag, und genauso lange hielt sie die ganze Produktion auf. Regisseure behaupten, sie wüßten nie, wie Bette ihre Rolle interpretieren würde, sicher sei aber, daß sie alle Erwartungen über den Haufen werfen und einen richtigen Weg finden werde. Fast alle stimmen darin überein, daß ihre psychologische Auffassung einer Rolle dem ganzen Film Halt geben kann, daß sie niemals einen guten Satz streicht und daß ihr Talent und ihre Spieltechnik nie versiegen würden. Bei einer Filmproduktion bedeutet das, daß der letzte Take, der vielleicht die fünfzehnte Wiederholung am späten Abend ist, genauso sorgfältig gespielt wird wie der erste kurz nach dem Frühstück.

Wenn sie einmal ein Drehbuch gelesen und in sich aufgenommen hat, kann es verlorengehen, dennoch würde sie ihre Rollen immer noch wie vom Autor vorgesehen spielen können. Sie liebt ihre Arbeit und zeigt eine nie endende Ausdauer dabei. Wenn der Regisseur die Leute bittet, ihre Plätze einzunehmen, ist niemand, nicht einmal Kinderdarsteller, früher am Set als sie. Wegen ihrer unschätzbaren Bühnenerfahrung lernt sie (ihrer Meinung nach) unglaublich schnell und beherrscht ihre Rollen immer perfekt. Viele ihrer Auseinandersetzungen mit Produzenten und Regisseuren geschehen in Verteidigung von Schreinern, Requisiteuren und Beleuchtern. Sie genießt einen ordentlichen Streit – vor allem wenn er sie persönlich nicht betrifft – wie ihre Vorfahren wahrscheinlich eine gute Predigt über die Höllenfeuer genossen haben.

Ihr Streit mit Warner Brothers, bei denen sie zehn Jahre lang unter Vertrag stand, hat sowohl durch die ewigen Auseinandersetzungen wie durch die geteilten Profite die beiden Vertragspartner auf Gedeih und Verderb zusammengeschmiedet. Da Warners das erste große Studio war, das den Erfolg des Tonfilms voraussah und das sich darauf einstellte, erkannte es auch als erstes die widersprüchlichen und nützlichen Qualitäten von Miss Davis. Ein neuer Schauspielerinnentyp konnte Millionen einbringen. Warners übernahmen Ende 1932 Miss Davis als führende Kraft. Ende 1933 hatten sie von dieser Verpflichtung so die Nase voll, daß sie nicht einmal mehr die Mühe auf sich nehmen wollten, sie auf legalem Weg loszuwerden, und liehen ihren Star zeitweise an R.K.O. für die Produktion von »Of Human Bondage« aus. Miss Davis habe sich damals als »ein junges Mädchen gesehen, das von den kulturellen und dramatischen Möglichkeiten der Bühne fasziniert war« und wollte, falls man ihr die Chance gäbe, ihren Teil dazu beitragen, dem Film zur Reife zu verhelfen. Warners Gedanken zu diesem Thema sind nicht bekannt. Im Grund ging es bei dem Streit zwischen Davis und der Filmgesellschaft um zwei gegenteilige Auffassungen: Miss Davis war überzeugt, das Stück müsse im Mittelpunkt stehen, und die »künstlich zusammengeschusterten Rollen« waren ihrer Meinung nach schlichtweg Kitsch; Warner dagegen nahm an, man könne ihr Hauptrollen in Machwerken wie »The Fashions of 1934« und »Jimmy the Gent« anbieten. Wenn sie Filme und Rollen ablehnte, wozu sie vertraglich berechtigt war, wurde sie ohne Gehalt freigestellt, wozu die Gesellschaft berechtigt war.

1936, während sie sowohl unter Vertrag stand wie gleichzeitig freigestellt war, fuhr sie nach England und willigte in aufrührerischer Stimmung ein, bei Toeplitz-Productions einen Film zu einer Gage von sechzigtausend Dollar zu drehen; erwartungsgemäß wurde sie nach Veröffentlichung der Nachricht in den Londoner Morgenzeitungen noch am selben Tag von Warners auf Schadensersatz verklagt. Der sarkastische Sir Patrick Hastings eröffnete die Verhandlung im Namen der abwesenden Warner Brothers mit der Bemerkung: »Ich glaube, es handelt sich hier um die Tat einer sehr ungezogenen jungen Dame«, eine Meinung, der sich nach dem Urteil zu folgern, der perücketragende Richter angeschlossen hat. Da sie freigestellt war, büßte Miss Davis 68 000 Dollar ihres Gehalts bei Warner ein. Außerdem verlor sie fünfundzwanzig Pfund an Gewicht und mußte 5 600 englische Pfund an Gerichtskosten zahlen. Abgemagert und pleite kehrte sie nach Kalifornien zurück. Warner Brothers öffnete die Arme, und Miss Davis ließ sich hineinsinken; man machte ihr die Hälfte der Kosten zum Geschenk, gewährte ihr einen unabhängigen Status als Star und war schließlich bereit, ihr gute Rollen anzubieten. Beide hatten gewonnen und verloren zugleich, beide hatten eine Menge Geld ausgegeben, und beide waren voneinander so enerviert, daß sie keine Kraft mehr besaßen, etwas anderers zu tun als zusammenzubleiben. Kürzlich erschien die Nachricht, Warner feilsche um die Filmrechte an Miss Davis' Autobiographie und hoffe, sie würde sich selbst spielen. Besser als alle anderen Produzenten wüßten die Warner Brothers, wie man mit der bewegten Geschichte ihrer Karriere umzugehen hätte. Sie waren schließlich daran beteiligt.

Bis zum jetzigen Zeitpunkt hat Miss Davis zweiundfünfzig Filme gedreht. Ihr Vertrag läuft wie bei den meisten Hollywoodstars über vierzig Arbeitswochen im Jahr. Wöchentlich bekommt sie 5 500 Dollar und dreht acht Filme im Jahr. Mit ihrer Rundfunkarbeit verdient sie vermutlich noch einmal 50 000, damit bringt sie es auf eine viertelmillion jährlich. Niemand weiß, was Filmstars wohl machen werden, wenn das Level von 25 000 Dollar Bestand haben wird. Sie könnten mit dieser Summe einen Film im Jahr machen oder eigene Projekte produzieren. Miss Davis würde gern Edith Whartons Buch *Ethan Frome* verfilmen, das sie für »eine Erinnerung an Neuengland« hält. Auch wollte sie immer für ein ernsthaftes Projekt an den Broadway zurückkehren.

Wenn man sich im Filmgeschäft in Hollywood umhört und fragt, wer im Moment die beste Schauspielerin sei, bekommt man unweigerlich zur Antwort: Bette Davis. Hinter vorgehaltener Hand wird hinzugefügt, sie spiele enorme Summen ein, weil die männlichen Fans von ihrer Weiblichkeit überzeugt seien, obwohl sie in Wirklichkeit nur mütterlich sei und weil sie zugleich die meisten weiblichen Fans fasziniere, und die, die sie nicht fasziniere, denen mache sie angst. Während einer Verkaufstour für Kriegsanleihen durch die Ozarks und andere ländliche Gegenden machte Miss Davis die bestürzende Entdeckung, daß sie vielen einfachen Amerikanern beiderlei Geschlechts Angst einjagt. Das wiederum beängstigte sie. Einige Theaterkritiker behaupten, sie erscheine in ihren Rollen darum so vielschichtig, weil sie selbst ein unausgeglichener Charakter sei. Andererseits sind Emigranten aus Europa der Ansicht, sie sollte lieber die führende Kraft in einem großen Nationalensemble ähnlich dem der französischen Comédie Française sein als ihr Talent in Filmen zu verschwenden. Ihre eigene Vorstellung einer idealen Lösung bestünde darin, »im Winter ein gutes Stück am Broadway zu spielen, das im Sommer in Hollywood abgefilmt wird. Ein gutes Stück und die

Bühne werden wahrscheinlich immer für sie zusammengehören, und das Kino wird für sie zweifellos immer nur eine verbesserte Laterna Magica bleiben. »Ein Film«, sagte sie einmal, »ist nicht einmal eine Kostümprobe.«

(Februar 1943)

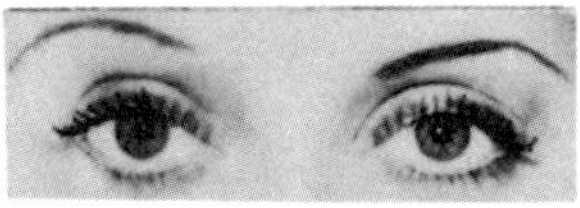

BETTE DAVIS

Cheryl Crawford
Eine Frau am Theater

Miss Cheryl Crawford, die Produzentin des Musicals »Brigadoon«, das jetzt im zweiten Jahr am Broadway läuft, ist eine kleine, hochgebildete Frau aus dem Mittleren Westen mit festem Charakter und strengen Grundsätzen, die ernsthafte Literatur liebt, alle Keatschen Oden auswendig kann und so wenig wie möglich spricht. 1925 schloß sie das Smith College mit der Auszeichnung *cum laude* ab. Während der Uraufführung von »Brigadoon« im Colonial Theatre in Boston entkam sie dem Premierenstress, indem sie sich im Theaterbüro einschloß und einen alten Essay von Ralph Waldo Emerson las, den sie an diesem Nachmittag bei einem Buchhändler ausgegraben hatte. Am Tag zuvor hatte sie eine literarische Wallfahrt nach Walden Pond unternommen. Während der ersten fünfzehn Jahre ihrer zweiundzwanzigjährigen Theaterkarriere hatte sie hauptsächlich in den höheren Sphären des Theaterbetriebs gearbeitet, so etwa mit der Theatre Guild oder dem Group Theatre, was bei ihren intellektuellen Interessen vollkommen selbstverständlich erschien. Im Bereich des Musicals, in dem sie nun seit sieben Jahren tätig ist, zeitigten ihre literarischen Interessen verblüffende Effekte: so etwa eine Bibliothekskulisse aus dem 1. Akt, die im Finale windschief hinter dem Maibaum des 3. Aktes auftauchte. Das Ensemble von »Brigadoon« schenkte ihr letzte Weihnachten eine bibliophile Ausgabe von Walt Whitmans »Leaves of Grass« aus den Jahren 1860/61. Da die jungen Mitglieder der Tanzgruppe Cheryls Sprache eher an die prosaische Einfachheit eines Hemingway erinnert hatte, waren sie einigermaßen erstaunt, von einer ihrer Freundinnen zu erfahren, sie sei eine begeisterte Verehrerin der Poesie und ein kleiner Gedichtband wäre gerade das richtige Weihnachtsgeschenk für sie. Miss Crawford, die in ihrer Wohnung auf der 56. Straße East eine Bibliothek von zweitausend erlesenen Werken besitzt, hatte bereits ein gutes Exemplar der 1880/81-Ausgabe von Walt Whitman, aber der Band, den die »Brigadoon«-Truppe ihr verehrte, war noch weitaus interessanter. Er war mit einer Widmung »to McW.« versehen, die an George McWaters, den Freund Whitmans gerichtet war. Außerdem enthielt das Buch einige alte Zeitungsartikel über den Dichter, darunter ein Editorial der *Times* von 1879, in dem es hieß: »Wir gehören nicht zu denen, die Whitman für den originellsten und bemerkenswertesten Dichter des Landes halten«, und die Kritik eines Neuengländers, der seine Gedichte als »pittoreske Geschwüre« bezeichnete. Da sich Miss Crawford gerne zu langen, ausdrucksstarken Rezitationen von Whitmans Werken oder zu Verurteilungen seiner Kritiker hinreißen läßt, selbst wenn es sich dabei um längst verstorbene Verfasser von *Times*-Editorials handelt, hat sie diese Whitman-Ausgabe tief befriedigt.

Die Weihnachtsgeschenke, die Miss Crawford Alan Jay Lerner, dem Text- und Songautor von »Brigadoon« verehrte, waren ebenfalls akademischen Charakters. Großzügig überhäufte sie ihn mit einem Band von Ben Jonsons Gedichten, einer Folio-Ausgabe von Giotto-Drucken, dem »Elizabethan Reader«, William Ellery Sedgwicks »Herman Melville: The Tragedy of Mind« (eine Abhandlung über einen ihrer amerikanischen Lieblingsschriftsteller), zwei Bänden Isherwood und einem Band Freud. Die erste Musical-Darstellerin, die in den Genuß von Miss Crawfords großzügigen Buchpräsenten kam, war Mary Martin während ihres Auftritts in einer früheren Crawford-Produktion mit dem Titel »One Touch of Venus« im Jahr 1943. Nachdem das Stück zwölf Monate lang in New York gelaufen war, ging Miss Martin damit auf Tournee und führte bei ihrer Abreise einen Koffer voller Bücher mit. Darunter befanden sich zwei Biographien über Sarah Bernhardt, einige Bände von Shaw, eine Abhandlung über das Genie der Eleonora Duse, eine über das Moskauer Künstlertheater und Essays über Schauspielkunst von Henry Irving und Francisque Sarcey, einer leicht angestaubten Autorität der Comédie Française. Miss Martin behauptet, sie habe zwei Jahre gebraucht, um sich durch diese Werke hindurchzukämpfen.

Seit siebzehn Jahren ist Miss Crawford eine der beiden Produzentinnen, die durchgehend am Broadway präsent waren – die andere ist Teresa Helburn, die Verwaltungsdirektorin der Theatre Guild –, und kein Mann kann eine längere Reihe intelligenter, interessanter Kassen-Flops vorweisen. Im großen und ganzen arbeitete sie während dieser Jahre mit erstklassigen Leuten an hochrangigen Stücken, Theorien und Projekten, die zwar in die Theatergeschichte eingingen, aber gewöhnlich nicht genügend oder gar kein Geld einbrachten. Sie wurde eine Expertin, wenn es darum ging, hohe Ansprüche trotz geringster Mittel zu verwirklichen. Im März 1947, als »Brigadoon« mit einem Kartenvorverkauf in Höhe von einer halben Million Dollar an das Ziegfeld-Theater kam, war es gleichzeitig das am billigsten produzierte Musical des Saison. Ihre Finanziers hatten ihr zweihunderttausend Dollar vorgestreckt, um es auf die Bühne zu bringen, eine geringe Summe im Vergleich damit, was heute solche Produktionen kosten. Sie brauchte nur einhundertsechzigtausend Dollar, um das Musical fertigzustellen. Das Showgeschäft ist offensichtlich der einzige Wirtschaftszweig, der Mißerfolge als gegeben hinnimmt. Die Bilanzen eines Theaters würden einen durchschnittlichen Geschäftsmann vor Angst in den Wahnsinn treiben. Die Produktion eines wirklich gut ausgestatteten Musicals kann dreihunderttausend Dollar verschlingen, ein normales Theaterstück ist für sechzigtausend Dollar zu produzieren. Grundsätzlich stehen die Erfolgschancen am Broadway im Verhältnis 10:1: Neun Shows fallen durch, eine bringt Gewinn. Miss Crawford, die früher nicht erfolgsverwöhnt war, hat, seitdem sie zu Musicals übergegangen ist, drei Kassenschlager hintereinander produziert. Diese Folge ist dermaßen beeindruckend, daß man am Broadway schon voller Abergläubigkeit munkelt, sie sei im Besitz eines ganz bestimmten weiblichen Erfolgsrezepts. Im Durchschnitt bekommt sie pro Woche vier neue Musical-Manuskripte in ihr Büro auf der 54. Straße geschickt. Im Moment arbeitet sie an sechs Stücken, darunter »A Dish for the Gods«, die alle im Herbst herauskommen sollen. Das »weibliche« Rezept, das sie in »Brigadoon« anwandte, bestand unter anderem in der Streichung einer Menge üblichen, teuren Überflusses, auf den männliche Produzenten offenbar nicht verzichten können. Doch sie setzte wie Millionen Frauen vor ihr einfach die Schere an und achtete streng auf jeden einzelnen Dollar. Ein konkurrierender Produzent sagte kürzlich voller Ehrfurcht: »Ihr finanzielles Geschäftsgebaren ist abenteuerlich.« Bei den meisten Musicals gibt es mindestens acht Kostümwechsel für die Tänzerinnen. In »Brigadoon« tragen alle Mädchen außer den Tänzerinnen eine Grundgarderobe aus Rock und Bluse, die mit Kilts, Tüchern, Schürzen und dergleichen immer wieder abgewandelt wird. Es gab eine Menge Gerüchte über den Import teurer Kilts aus Schottland; Miss Crawford jedoch kaufte ihre Stoffe bei Gimbel's und Bloomingdale's, und die einzigen importierten Gegenstände waren ein Dutzend karierter Strümpfe. Statt realistischer Holzkonstruktionen besteht das Bühnenbild bei »Brigadoon« aus romantischen Stoffdrapierungen. Auf einen Haushalt bezogen, wäre das ungefähr so, als würde man statt der Kosten für eine neue Wand nur das Geld für einen hübschen neuen Vorhang zur Raumabteilung aufbringen.

Miss Crawford weicht auch insofern von der üblichen Praxis ab, als sie das Stück regietechnisch genau ausarbeitet, bevor es in die Probenphase geht. All das verdankt sie ihren Kenntnissen über den sparsamen Einsatz der Mittel. Seit ihrer College-Zeit ist sie eine eifrige Leserin wirtschaftstheoretischer Literatur, angefangen von zeitgenössischen Werken bis hin zu den Klassikern wie etwa Mandevilles »Bienenfabel« aus dem 17. Jahrhundert, von dem sie eine gute Frühausgabe besitzt. Miss Crawford interessiert sich vor allem für einen Song in ihrem neuen Musical »A Dish for the Gods«: »That's Good Economics But Awful Bad for Love«.

Einem Zyniker des Broadway zufolge ist eine Erklärung für Miss Crawfords niedrige Produktionskosten, daß sie ihren Künstlern »die geringsten Gagen bezahlt, die möglich sind, und dennoch den Ruf genießt, eine Philantropin zu sein«. Sie ist eine Frau von großem sozialen Verantwortungsgefühl. Im College war sie eine liberal denkende Linke, und auch heute noch hält sie es für gerecht, die wohlhabende Klasse zugunsten der kleinen Leute zu erleichtern. Als »Brigadoon« in New York herauskam, bezahlte sie den Mitgliedern des Tanzcorps fünfundsechzig Dollar die Woche; das Minimum betrug damals fünfzig Dollar, und sie erhöhte die Gage dreimal. Heute liegt das Minimum bei sechzig Dollar, und die Mitglieder ihres Ensembles erhalten achtzig. Außerdem schloß sie für die ganze Truppe eine Krankenversicherung auf ihre Kosten ab und gab jedem zwei Wochen bezahlten Urlaub. Die meisten Broadway-Produzenten finden, solche Praktiken würden die Leute nur verhätscheln.

Nach Katherine Cornell und Guthrie McClintic führt Miss Crawford das wohlgeordnetste Theaterunternehmen am Broadway. Ihre Umgangsformen mit ihrem Ensemble sind ungewöhnlich gelassen. Nie gerät sie in Panik, ist immer höflich und drückt sich präzise aus. Nie macht sie Szenen oder verliert die Fassung. Manche Schauspieler sind anfänglich frustriert, weil sie meinen, sie schenke ihnen nicht genügend Aufmerksamkeit. Aber nachdem sie sich daran gewöhnt haben, mögen sie gewöhnlich ihre Art ganz gern. Wenn sie einen Fachmann für Bühnentechnik engagiert, macht sie ihre Vorschläge, die er annehmen oder ablehnen kann, und läßt ihn dann seine Arbeit machen – eine Freiheit, die viele nervösere Produzenten offenbar nicht zugestehen können. Aber sie läßt sich nicht beirren: als ein Finanzier, der 40 000 Dollar in »Brigadoon« gesteckt hatte, in letzter Minute den Schluß verändert haben wollte, sagte sie einfach: »Nur über meine Leiche«, was vermutlich wörtlich zu verstehen gewesen wäre, wenn er das Geld zu diesem späten Zeitpunkt zurückgezogen hätte. Sie beherrscht das Spiel nicht so gut wie sie glaubt, aber sie ist ausdauernd. Sie gefällt sich in der für Spieler typischen Pose der Freizügigkeit, verfällt aber mitunter wieder in kleinlichste Knauserei.

»Brigadoon« war von vielen bekannten Produzenten abgelehnt worden, so auch von Billy Rose, John C. Wilson, George Abbott, Herman Shumlin und Rogers und Hammerstein, bevor es die Bewunderung von Miss Crawford fand. Die Geschichte ist so romantisch wie ein Keat'scher Seufzer: Letztlich lohne es sich für einen jungen Mann, für die Liebe die Welt aufzugeben. Die Herren Produzenten befürchteten, diese Romantizismen würden sich nicht gut verkaufen. Dasselbe dachten viele männliche Finanziers. Von den achtunddreißig Geldgebern des Musicals sind siebzehn weiblich, darunter Miss Florence Vandamm, eine Theaterfotografin, Miss Wendy Barrie, die frühere Filmschauspielerin, Miss Margot Johnson, die Literaturagentin und Miss Bea Lawrence, die in dieser Spielzeit Gielguds »Crime and Punishment« mitproduziert. Die Finanziers von »Brigadoon« bekamen ihre gesamten Investitionen in der Rekordzeit von siebzehn Wochen zurückbezahlt. Investoren teurerer Musicals warten manchmal vierzig bis fünfzig Wochen, und manchmal warten sie für immer. Miss Crawfords Geldgeber erhielten eine monatliche Summe von vierzigtausend Dollar zurück. Bis jetzt hat die Show gut eine halbe Million eingespielt. Was die verschwiegene Miss Crawford aus ihrer schottischen Goldmine herausgeholt hat, verrät sie nicht. Sie bemerkt nur trocken, sie habe länger als fünfzehn Jahre darauf warten müssen.

Miss Crawford wurde 1902 in Akron, Ohio, als Tochter recht wohlhabender Eltern geboren, die College-Erziehung besaßen und Kirchgänger waren. Von drei Brüdern war sie das älteste Kind. Der Name Cheryl wurde ihrer Mutter von einer Freundin vorgeschlagen, und Mrs. Crawford fand ihn hübsch. Cheryls Vater, Robert Kingsley Crawford, der im Alter von siebenundsechzig Jahren immer noch eine Immobilienfirma führt, besuchte die Northwestern Universität, und einer seiner Brüder, der inzwischen verstorben ist, war Präsident des Allegheny Colleges in Meadville, Pennsylvania. Cheryls Mutter, eine geborene Lu Elizabeth Parker, graduierte am Buchtel College in Akron. Die Parkers waren Virginier, die nach Kentucky übergesiedelt waren; Miss Lus Großvater hatte im Bürgerkrieg bei der Nordarmee gedient, war von seinen Verwandten enterbt worden und hielt es für besser, fortzugehen. Die Crawfords stammten aus Schottland. Großvater Crawford war nach County Fermanagh in Irland gegangen und tauchte später als Pionier in Willow Center, Illinois auf. In Downers Grove, einem Vorort von Chicago, spielte Cheryls Großmutter Crawford in der Women's Temperance Union und in methodistischen Kirchenkreisen eine wichtige Rolle.

Im Smith College, in das Miss Crawford 1921 im Alter von neunzehn Jahren eintrat, las sie Plato und Nietzsche und verlor ihren Glauben; in der Drama-Klasse von Professor Samuel Atkins Eliot jr. wurde sie ein Star und belegte einen Kurs im Stückeschreiben, den sie mit der besten Note abschloß. Statt in ihren ersten Sommerferien nach Hause zu fahren, ging sie nach Princeton, weil sie von dem dortigen berühmten Sommertheater gehört hatte, das allerdings, wie sie verspätet erfuhr, bereits sieben Jahre zuvor abgebrannt war. Der Geist des Theaters lebte jedoch fort, da eine Scheune in einen Theaterworkshop umgewandelt worden war, in dem Susan Glaspell, Harry Kemp und andere unter den Fittichen von Mrs. Mary Aldis, eines reichen Sommergastes, arbeiteten. Mrs. Aldis heuerte Cheryl als technische Direktorin an und bezahlte ihren Aufenthalt. In diesem Sommer brachte die Gruppe als große und letzte Aufführung einige Einakter mit maritimen Themen von Eugene O'Neill, dem kurz zuvor entdeckten amerikanischen Dramatiker, heraus.

Im Herbst nach ihrem College-Abschluß und gegen den Rat ihrer Familie, nahm die inzwischen zweiundzwanzigjährige Cheryl die 2 500 Dollar, die sie von ihrer Großmutter Parker geerbt hatte, und ging nach New York an die Theatre Guild School, dem damaligen Zentrum für die junge bühnenbegeisterte Intelligenzia. (Die Freizügigkeit, die ihr diese 2 500 Dollar eröffneten, beeindruckten Miss Crawford so sehr, daß sie vor kurzem in ihrem Testament ähnliche Summen für die Kinder ihres Bruders – einen Jungen und zwei Mädchen – aussetzte, damit sie, falls es nötig sein sollte, eines Tages ebenfalls den wohlmeindenden Rat ihrer Eltern ausschlagen können.) Im darauffolgenden Sommer, nachdem sie die Guild School abgeschlossen hatte, wohnte Miss Crawford in Greenwich Village und versuchte, als Inspizientin am Broadway unterzukommen, wo abgesehen von wenigen Ausnahmen Frauen nur als Schauspielerinnen vorkamen. Nachdem in ihrer Wohnung Licht und Gas abgedreht worden waren, weil sie die Rechnungen nicht bezahlt hatte, begann sie Poker zu spielen, ein Spiel, das sie zwar von zu Hause nicht kannte, für das sie aber sowohl die Nerven wie den perfekten, undurchdringlichen Gesichtsausdruck besaß. Oft gewann sie bis zu sechzehn Dollar pro Abend. Amüsiert erinnert sie sich, daß sie an die Mitglieder ihrer Pokerrunde – Künstler, Dichter und ähnliche Leute – schlimmsten selbstgebrannten Fusel verkaufte. Aus diesem schändlichen Leben errettete sie Theresa Helburn, die selbst am Guild ausgebildet worden war und daher dem Mädchen eine Chance geben wollte. Sie bot Cheryl einen Teilzeitjob als Besetzungssekretärin zu fünfunddreißig Dollar die Woche an, und Cheryl bat um Erlaubnis, als dritte Assistentin des technischen Direktors in Werfels Stück »Juarez und Maximilian« mitarbeiten zu dürfen, bei dem Alfred Lunt und Clare Eames die Hauptrollen spielten. In einer Szene dieses Stücks trat die dritte Assistentin Crawford als Hofdame und in einer anderen als mexikanische Bäuerin auf. Sie dirigierte auch ein neunköpfiges, außerhalb der Bühne befindliches Orchester und feuerte unter der Bühne eine Kanone ab. Im nächsten Jahr war sie für einhundertfünfzig Dollar pro Woche technische Direktorin am Garrick-Theater, das gleich nach dem Guild rangierte, und ein paar Jahre darauf wurde sie Besetzungsdirektorin für alle Stücke des Guild Theatres. Das bedeutete, im Jahr mehr als sechs Stücke zu besetzen, und während der Vorbereitungen eine Arbeitszeit von morgens zehn bis tief in die Nacht; bei großen Produktionen mußten manchmal zweihundertfünfzig Schauspieler pro Tag interviewt werden. Für Rouben Mamoulians Produktion des Südwestern-Dramas »Green Grow the Lilacs« (das inzwischen das Paradestück »Oklahoma!« des Guild Theaters wurde) heuerte sie von einem Rodeo, das im Madison Square Garden stattgefunden hatte, Cowboys an. Für »Roar, China« engagierte sie zusätzlich Leute aus Chinatown, versehentlich auch einen Japaner, der von den Chinesen hinausgeworfen wurde. Für »Porgy« holte sie sich die Besetzung in Harlem. Henry Fonda gab sie eine Statistenrolle, Clifford Odets durfte auf einer Tournee des Guild zwei Sätze sagen, und Bette Davis empfahl sie für eine kleine Rolle, aber das Guild lehnte sie ab.

Während ihres dritten Jahrs beim Guild Theatre wurde Miss Crawford gebeten, das schwarze Ensemble von »Porgy« nach London zu begleiten. Weder sie noch die anderen waren jemals in England, geschweige denn auf einem Ozeandampfer gewesen. Sie fuhren mit der Columbus, dritter Klasse, und während der ganzen Überfahrt glich das Ensemble einer Art seekrankem Harlemer Nachtclub. »Porgy« sollte in His Majesty's Theatre aufgeführt werden, das der elegante Charles Cochrane, der eindrucksvollste und wichtigste Theatermacher des britischen Empires leitete. Am ersten Abend, eine Stunde vor Beginn der Vorstellung, stellte Miss Crawford fest, daß der Programmzettel Mr. Cochrane als Produzenten der Show auswies, und die New Yorker Theatre Guild mit keinem Wort erwähnt wurde – eine Unterlassung, die ihr bereits am Tag zuvor bei den Probedrucken des Programms aufgefallen war, und die Cochrane eigentlich versprochen hatte, berichtigen zu lassen. Das Gespräch der beiden am Premierenabend verlief ungefähr so: Sie bat ihn freundlicherweise um die Abgabe einer Erklärung vor dem Vorhang, in der er die Theatre Guild als Produzentin von »Porgy« vorstellen sollte. Er sagte, er habe noch nie eine Ansage auf der Bühne gemacht. Sie erwiderte, wenn er dazu nicht bereit sei, bleibe ihre Truppe in der Garderobe. Er fluchte. Fünfundzwanzig Minuten nach dem offiziellen Beginn, als die Musiker im Orchestergraben schon zu pfeifen und die Lords und Ladies zu murmeln begonnen hatten, trat Cochrane vor den Vorhang, den Miss Crawford hinter seinem Rücken fest zusammenhielt, und machte artig seine Ansage. Hinterher zischte er ihr zu: »Ich hoffe, Sie sind zufrieden, Miss«, und sprach während des ganzen dreimonatigen Gastspiels kein Wort mehr mit ihr. »Porgy« war in London weitgehend eine etymologische Kuriosität. Es schien, als wären die Briten nie imstande gewesen, die Darsteller zu verstehen.

Für die junge Miss Crawford, die sich bereits dem Theater verschrieben hatte und deren Denken und Vorstellungen damals nur ums Theater kreisten, bedeuteten die fünf Spielzeiten, die sie beim Guild verbrachte, die glücklichste Zeit ihres Lebens. Gleichzeitig waren es auch die lebendigsten Jahre seit Bestehen dieses Theaters und vermutlich die letzten große Tage des Broadway überhaupt. Mitte der zwanziger Jahre fanden zuweilen fünf Premieren an einem Abend und inklusive der Wiederaufnahmen über dreihundert neue Produktionen im Jahr statt (im Gegensatz zu etwa achtzig heute). Das Guild beschäftigte eine ganze Galaxie aufstrebender Stars, ganz abgesehen von den Fixsternen, die ihren Platz am Theaterhimmel behaupteten: zu ihnen zählten die Lunts, Clare Eames, Morris Carnowsky, Edward G. Robinson, Margalo Gillmore, Pauline Lord, Helen Westley und Dudley Digges. In der glanzvollen Autorenriege waren so hervorragende Persönlichkeiten wie O'Neill, Anderson, Rehrman, Howard, Sherwood, Molnar und Pirandello vertreten. 1928 war Miss Crawford Assistentin der Guild-Geschäftsleitung mit einem Gehalt von neuntausend Dollar im Jahr – damals tatsächlich eine Menge Geld für eine junge Dame von sechsundzwanzig Jahren. 1931 hätte die neunundzwanzigjährige Miss Crawford wahrscheinlich als eine der verantwortlichen Direktoren in den innersten Kreis des Guild aufsteigen können, sie zog es aber vor, mit zwei anderen Kollegen, dem technischen Direktor Lee Strasberg und dem Dramaturgen Harold Churman, das Theater zu verlassen, um das Group Theatre zu gründen. Strasberg meint, sie seien damals wohl alle drei verrückt gewesen, gut bezahlte, anspruchsvolle Jobs in einer hervorragenden Truppe aufzugeben. Das Group Theatre erntete während seines achtjährigen Bestehens viel Ruhm und Ehre, verdiente aber wenig Geld, vor allem die Begründer nicht. Sie bezahlten sich wöchentlich fünfzig Dollar, und das oft nur theoretisch. Die führenden Schauspieler erhielten viermal so viel Gage wie Miss Crawford und ihre Kollegen. Miss Crawford, die den Posten des Theaterleiters, des Co-Regisseurs und des Geldbeschaffers innehatte, hatte sich in einem winzigen Büro eingerichtet, das von einem Freund zur Verfügung gestellt worden war, und sich im obersten Stockwerk des Forty-Eighth-Street-Theatre am Ende von neunundachtzig Stufen befand. Zu Beginn spielte die Group überall, wo sie ein leeres Haus fand, und natürlich mußte auch Miss Crawfords Büro immer mit umziehen.

Ganz offenkundig lebte das Group Theatre von der fanatischen Begeisterung seiner Mitglieder, doch im Gegensatz zu dem Idealismus, dem Talent und der Brillianz, die über die Rampenlichter in den Zuschauerraum strahlten, herrschte hinter der Bühne gewöhnlich tragikomisches Elend. Vereinzelt wurde die Truppe von Millionären, Schriftstellern, Dichtern, Schauspielern, Rivalen und Freunden unterstützt, oder es wurden Sammlungen gemacht; Lee Shubert und Hollywood gaben Geld, und in gewisser Weise trug auch die Depression ihren Teil bei, die Anfang der dreißiger Jahre dem neuen, realistischen Stil der Stücke den gehörigen Anteil harter, aber authentischer Alltagsrealität verlieh. Unter den Finanziers befand sich John Hay Whitney, der zwölftausend Dollar beisteuerte, Maxwell Anderson schenkte ihnen ein paar tausend Dollar und ein Versdrama über die russische Revolution, das nie aufgeführt wurde, und Herman Shumlin stellte tausend Dollar zur Verfügung für ein Stück, das er für so ausgezeichnet hielt, daß es seiner Meinung sicher keinen Cent einspielen würde. Auch Eugene O'Neill unterstützte die Group, und Franchot Tone (den die Guild zusammen mit tausend Dollar an das Group Theatre überstellt hatte) spendete über die Jahre Tausende von Dollars, insbesondere nachdem er das Theater zugunsten Hollywoods verlassen hatte und es sich leisten konnte. Miss Crawford verzichtete auf ihr Gehalt und lebte von dem Geld, das sie während ihrer Zeit beim Guild gespart hatte.

Von Anfang an führten die Mitglieder der Group während des Sommers eine Art Ferienlager-Leben. Ihre erste Reise ging nach Brookfield Center, Connecticut, wo ihnen eine große Scheune als Probebühne diente. Hier lebten sie wahrhaft idealistisch, aßen um Mitternacht Crackers mit Milch und führten nach den Abendproben begeisterte Debatten bis in die frühen

Morgenstunden. Die *Times* berichtete in diesem Sommer, die Group besitze »einundzwanzig Grammophone, drei Radios, vierzehn Autos, eine komplette Plattensammlung von Symphonien, eine Menge Bücher über Theater, vier farbige Bedienstete und Alexander Kirklands Hund«. Die folgenden Sommer waren hart. Um zusammenzubleiben, proben und theoretisieren zu können, verdiente sich die Truppe Unterkunft und Essen in einem Feriencamp, in dem sie wöchentlich Theatervorstellungen und Vaudeville-Sketche aufführten. Die Sommermonate verbrachten sie in Orten wie Dover Furnace in Dutchess County, Green Mansions in Warrensburg, New York und im Pinebrook Club Camp in Nichols, Connecticut. Einige der Sommerauftritte fanden in koscheren Ferienkolonien statt, und einmal arbeiteten sie auch in einer Christian Science School für Kinder auf Long Island. Im Winter, zurück in Manhattan, lebten viele der Group-Mitglieder im »Groupstroi«, wie sie es liebevoll nannten, bei dem es sich um ein spärlich beheiztes altes Gebäude auf den West Fifties in der Nähe der 10. Avenue handelte. Die Group hatte drei Ziele, die sie sehr ernst nahm: Sie wollte zeitgenössische, gesellschaftlich relevante Stücke aufführen, sie wollte die berühmten Theorien der Schauspielerausbildung des Moskauers Constantin Stanislawsky umsetzen, und sie wollte ein festes Ensemble im Stil des Abbey Theatres oder Copeaus Théâtre du Vieux-Colombier in Paris begründen. Wie Harold Clurman in seinem Buch »The Fervent Years« über die Gruppe schreibt, sei am Anfang viel über »inneres Erleben, Probenpsychologie und relevante Zeitgenossenschaft, Dynamik, künstlerische Form und dergleichen gepredigt« worden, und man vertrat die Ansicht, das kommerzielle Theater habe »keine weiterreichende Bedeutung als ein Bordell«. Zu Stanislawskis Theorie des Schauspiels sagt er: »Ihr Ziel besteht darin, den Schauspieler zu befähigen, sich bewußt als Instrument der Wahrheitsfindung auf der Bühne einzusetzen.« Für die Group-Mitglieder bestand kurz gesagt die

Wahrheit darin, ihr Handwerk so auszuüben wie Ballettänzer, Pianisten und Sänger dies tun. Sie mußten sich Erinnerungsübungen unterziehen, die den Séancen auf einer Analytiker-Couch glichen. Bei anderen Übungen spielten die Schauspieler eine Szene, indem sie einige die Worte des Autors aus dem Stegreif abwandelten, während die anderen stumm blieben und Begriffe wie »Amerika«, »Freiheit« und »Wahrheit« pantomimisch darzustellen hatten. Die Übungen war so geheimnisvoll, daß Außenstehende binnen kurzem behaupteten, die Group-Mitglieder beteten, bevor sie die Bühne beträten, oder schlimmer noch, die Group betreibe einen Kult der freien Liebe, möglicherweise sogar reine Anarchie. Diese Übungen führten jedoch dazu, daß New Yorker Theaterkritiker die Arbeit der Group zunehmend bewunderten, und einer von ihnen sprach sogar von »überragender Schauspielkunst«. Die vermutlich wichtigsten jungen Talente, die die Group entdeckte, waren John Garfield, der wochenlang am Ende der neunundachtzig Stufen vor Miss Crawfords Büro ausgeharrt hatte und sie jeden Tag um ein Engagement anging; des weiteren Elia Kazan, der Yale-Absolvent, der die Stufen zu ihr hinaufgeklettert war und fragte, ob er als Kulissenschieber oder sonstwas bei der Group mitmachen dürfe, und Clifford Odets, den die Group von einem mittelmäßigen Schauspieler zum führenden Dramatiker bekehrte.

Die Group produzierte ein halbes Dutzend großer Erfolge, die kein Vermögen einbrachten, und ein Dutzend Stücke, die sogar noch weniger einspielten. Aus moralischen Prizipien kostete ein Platz im Group Theatre maximal zweieinhalb Dollar, wodurch die Einnahmen auch bei einem Erfolgsstück gering blieben. Zu den Erfolgen gehörte das Eröffnungsstück »The House of Connelly« von Paul Green, das 1931 herauskam. Es war das erste Stück eines Nordstaatlers, das die Auflösung des Südens thematisierte, und bekam außerordentlich begeisterte Kritiken. Ein weiteres war »Success Story« von John Howard

Lawson, das zumindest Noel Coward so sehr bewunderte, daß er es sich fünfmal ansah. Unter den ersten großen Erfolgen war das Stück des Pulitzer-Preisträgers Sidney Kingsley »Men in White«. Darin trat Alexander Kirkland als Chirurg auf, und es wurde größtenteils von Doris Warner aus dem Warner-Clan in Hollywood finanziert. Dieses Stück hatte Miss Crawford in einem Stapel Theatermanuskripte im Büro von Lee Shubert entdeckt, der ihr schlauerweise die Erlaubnis gegeben hatte, darin herumzustöbern, natürlich mit dem Hintergedanken, er würde gegebenenfalls einen Teil des Profits einstreichen. Nach »Men in White« lehnte sie ein Hollywood-Angebot zu tausend Dollar pro Woche ab. Als nächstes wurde Paul Greens »Johnny Johnson«, ein pazifistisches Stück über den ersten Weltkrieg produziert. Es wurde teilweise von John Hay Whitney finanziert und enthielt die erste in Amerika komponierte Musik Kurt Weills, der in Europa mit seiner »Dreigroschenoper« bereits berühmt geworden war. »Johnny Johnson« war Miss Crawfords Lieblingsstück, und sie brachte es fast ohne fremde Hilfe auf die Bühne. Danach erschienen fast gleichzeitig »Waiting for Lefty« und »Awake and Sing«, die am meisten diskutierten und wichtigsten Erfolge der Group aus der Feder des neuen Dramatikers Odets; doch obwohl Kritiker und Besucher immer noch mit Bewunderung von diesen Stücken sprachen, zogen sie das große Publikum nicht an. »Waiting for Lefty« handelte von einem New Yorker Taxi-Streik, in dem Kazan einen Taxifahrer spielte. »Awake and Sing« behandelte das soziale Drama einer jüdischen Familie in der Bronx. Beide Stücke wurden von der rechten Presse als links verschrien, und der *Daily Worker* nannte das zweite Stück »einen Niedergang für das Group Theatre, ein unwichtiges Stück.« Zwei Erfolgsstücke, die Miss Crawford auf die Bühne bringen wollte, wurden 1937 vom Rest der Gruppe abgelehnt, ein Umstand, der ihr bei der Entscheidung half, das Theater zu verlassen. Es handelte sich um Maxwell Andersons »Winterset« und Kingsleys

»Dead End«. Nachdem sie gegangen war, erhob die Gruppe auch gegen William Saroyans »The Time of Your Life« Einspruch und erzielte ihren einzigen großen Kassenerfolg in Höhe von fünfzigtausend Dollar mit Odets »Golden Boy«. Es wurden die Filmrechte verkauft, und die Group schickte das Stück mit der New Yorker Besetzung im Triumph nach London, über das James Agate in der Londoner *Times* bemerkte: »Das schauspielerische Können erreicht ein bislang völlig unbekanntes Niveau.«

Bereits vor Miss Crawfords Ausscheiden hatte die Group interne Schwierigkeiten. 1933 war sie wegen Unstimmigkeiten und Problemen praktisch auseinandergefallen; 1935 hielt sie gerade noch zusammen, als Clurmans Frau, die Group-Schauspielerin Stella Adler von einer Besprechung mit Stanislawsky in Moskau zurückkehrte und berichtete, die Truppe habe seine geheiligten Methoden vollkommen falsch angewandt. 1937, kurz vor dem Weggang Miss Crawfords, kam es zu einer Rebellion unter den Schauspielern, die sich beschwerten, das Unternehmen werde nicht gut geführt. 1941 brach die Group auseinander, kurz nachdem sie Shaws »Retreat to Pleasure« aufgeführt hatte, und kurz nachdem ein Kritiker sie als »beste Schauspieltruppe des Landes« bezeichnet hatte. In Abkehr ihrer früheren Ideale ging ein Teil der Schauspieler geschlossen nach Hollywood.

Als eigenständige Produzentin machte Miss Crawford auf ziemlich ähnliche Art weiter wie mit der Group, allerdings mit weniger Streitereien. Sie produzierte einige Flops, darunter Stücke von Dorothy Thompson, Marc Connelly und Sir John M. Barrie – einer Wiederaufnahme von »A Kiss for Cinderella«. Einmal, als sie sich über ein Stück nicht sicher war, machte sie in New York eine Voraufführung, bei der sie Bleistift und Papier an die Zuschauer verteilte, damit diese Ja oder Nein darauf schreiben konnten. Die Mehrzahl votierte mit Nein, und sie ließ das Stück fallen. Unter dem Titel »Family Portrait« brachte sie ein bemerkenswertes und kühnes Stück über die Mutter und die Brüder von Jesus Christus heraus, in dem Judith Anderson als Maria auftrat. Miss Crawfords interessantester Mißerfolg war »All the Living«, ein Stück über Insulin-Therapie bei Geisteskranken. Sie glaubt, daß es heute ein Hit werden könnte. Voller Erbitterung bemerkt sie: »Wahnsinn ist wesentlich populärer geworden.« 1940 hatte sie vierzigtausend Dollar Schulden, als sie sich auf ein neues, verzweifeltes, aber schließlich erfolgreiches Abenteuer eines Sommertheaters in Maplewood, New Jersey einließ. Miss Crawfords Idee war, für jeweils ein Stück pro Woche aus New York Barrymore, Bankhead, Hayes und all die anderen Schauspielergrößen herüberzubringen. All diese New Yorker Stars sollten, nachdem die Spielzeit in New York vorbei war und bevor sie auf Tournee gingen, in Maplewood Zwischenstation machen, wo die Einwohner New Jerseys sie möglicherweise mit ihrem ganzen Ensemble zu eineinhalb Dollar sehen konnten, statt zum Manhattaner Preis von vierzig Dollar. Der Vorschlag, diesen Plan in Maplewood auszuprobieren, stammte von John Wildberg, dem früheren Anwalt der Group. Er und Miss Crawford wurden Koproduzenten in Maplewood, wo sie zusätzlich zu einigen aus Manhattan importierten Stücken »Porgy and Bess« wiederaufnahmen. Das Maplewood-Projekt, das im Juni 1940 gestartet wurde, brachte fast von Anfang an Geld ein. Die Saison dauerte sechsundzwanzig Wochen rund um Thanksgiving, 1941 dreiundzwanzig Wochen, 1942 aber nur fünf Wochen wegen der Kriegsrationierung von Benzin. Miss Crawford war in Maplewood sehr glücklich und ließ sich, um eine intimere und freundliche Atmosphäre zu schaffen, auf nachbarliche Gespräche und, gleichgültig, welche Überwindung es sie auch kostete, auf das Erzählen von Witzen zwischen den Akten ein.

»Porgy and Bess«, eine Bearbeitung von »Porgy« mit der

Musik von George Gershwin war 1935 vom Guild Theater herausgebracht worden. Es war kein großer Erfolg gewesen. Aber im Lauf der folgenden sechs Jahre hatten die Melodien das Land erobert und waren praktisch Volkslieder geworden. Was volkstümliche Musik anbelangte, hielt Miss Crawford Gershwin für ein Genie. Sie engagierte den Dirigenten Alexander Smallens, der die Partitur mit ihr durchging und ihr dabei half, die volkstümlichen Songs gegenüber den langweiligen, rein rezitativen Passagen hervorzuheben, und mit viel Engagement und großen Hoffnungen brachte sie »Porgy and Bess« zu einem Großteil in Originalbesetzung am Majestic Theatre in New York heraus. Mit Unterbrechungen lief das Musical vier Jahre in New York und auf Tournee. Die Musik schien ihr Schicksal zum Guten gewendet zu haben.

Voller Optimismus und mit Kurt Weills Melodien aus »Johnny Johnson« und der »Dreigroschenoper« im Kopf, arbeitete sie im Sommer 1942 mit dem Komponisten an einem neuen Musical zusammen, für das er die Idee geliefert hatte. 1936 hatte der in Deutschland geborene und nach Amerika emigrierte Weill viel Zeit in der New Yorker Public Library verbracht, um durch Lesen Englisch zu lernen. Dort war er auf eine Kurzgeschichte mit dem Titel »Tinted Venus« von F. Anstey, dem Pseudonym von Thomas Anstey Guthrie, dem früheren Mitarbeiter des *Punch* gestoßen. Mit dem Libretto von S. Perlman, den Songtexten von Ogden Nash – beide Neulinge am Theater – und mit der Musik von Kurt Weill wurde »One Touch of Venus« daraus. Das Musical war Marlene Dietrich, die die Liebesgöttin spielen sollte, auf den Leib geschrieben worden. Die Zusammenarbeit mit ihr gedieh so weit, daß sie zu einer Besprechung nach New York kam, auf Miss Crawfords weisen Rat hin die Venusdarstellungen im Metropolitan Museum besichtigte und sogar einen Vertrag unterzeichnete, aber aus der Abmachung wurde schließlich doch nichts. Als Miss Crawford Mary Martin vorschlug, die Venus zu spielen, lehnte Miss Martin zuerst ab, weil die Venus von Milo (die erste, die ihr einfiel), dicker war, als sie sein wollte. Nach dem obligatorischen Besuch im Metropolitan, bei dem sie Venusdarstellungen verschiedenster Leibesumfänge entdeckt hatte, nahm sie die Rolle jedoch an.

»One Touch of Venus«, das im Oktober 1943 im Imperial Theatre Premiere hatte, erlebte in New York fünfhundertsiebenundsechzig Aufführungen und war gleichzeitig auch ein Tourneeerfolg. Es machte Miss Martin zum Star und spielte einen Gewinn von zweihundertausend Dollar ein. Da sie nicht die einzige Produzentin war, strich Miss Crawford nicht den ganzen Profit ein, aber sie verdiente genug, um zu beweisen, daß ihr Glück sich dramatisch gewandelt hatte. Sie kaufte einen schönen Wagen, mietete ein elegantes Stadtapartment und erwarb Mengen erlesener Bücher. Da sie eine Feinschmeckerin ist und sowohl herzhaftes Essen wie ein Glas Whiskey schätzt, stellte sie Rosa, ihre begabte farbige Köchin, die vierzehn Jahre lang ziemlich unregelmäßig für sie gearbeitet hatte, fest bei sich an. Rosa bekam auch einen Anteil an John Wildbergs Produktion von »Anna Lucasta« überschrieben, für das sie ein Faible hatte. Rosa verdiente fast viertausend Dollar daran, gab aber das Kochen nicht auf. Mit den Einkünften aus »Venus« kaufte sich auch Miss Crawford schöne Kleider. Obwohl sie üblicherweise Kostüme in Lichtblau oder Erdtönen trägt, bestellte sie ein schickes schwarzes Kleid bei Valentina und kaufte sich auf der Fifth Avenue sechs teure Hüte. Das Kleid trug sie einmal, sah großartig darin aus und hängte es dann in den Schrank. Sich von den Hüten zu befreien, dauerte länger. Nie hatte sie einen auf, sondern trug immer einen in der Hand, bis schließlich alle sechs in Taxis liegengeblieben waren.

In Miss Crawfords neuer luxuriöser Wohnung war zum erstenmal seit vielen Jahren Platz für ihre alten und neuen Bücher. Eine Freundin aus der College-Zeit erinnert sich, daß die Einladungen während Miss Crawfords Anfangsjahren in

New York üblicherweise lauteten: »Komm zum Dinner rüber und bring ein Buch zum Lesen mit.« Sie machte sich nichts aus oberflächlichem Geplauder bei Tisch, aber ihr Appetit auf Lesestoff war unersättlich. Wenige Erwachsene lesen so hungrig, so hingebungsvoll und so voller Verwunderung wie sie; es ist, als befände sie sich immer noch in der Schule und würde dies genießen. Beim Lesen zeigt sich ihr Respekt für kreative Geister. Sie hat ein phänomenales Gedächtnis und speichert Kultur wie manche Frauen Gewicht zulegen. Sie wäre eine ausgezeichnete Pädagogin oder Sozialarbeiterin geworden, ersteres wegen ihres Wissens und letzteres, weil sie in allen Schriften immer nach Auswegen aus dem Chaos sucht, in dem sich die menschliche Rasse befindet. Um welches Buch es sich auch handelt – sie mag »keine albernen, rätselhaften Geschichten und keine dummen Romane« – sie interessiert sich immer für die darin enthaltene Theorie, denn sie ist eine Theoretikerin. Aber sie ist auch eine Optimistin, eine Reformerin, eine Humanistin und sogar ein Gefühlsmensch. Sie kauft alle Bücher über Nationen und ihre Probleme sowie über neue Möglichkeiten, die Fragen der Welt zu lösen. Mit Freunden sitzt sie oft schweigend zusammen, weil Schweigen ihr nicht peinlich ist. Sie beteiligt sich nur an Unterhaltungen über Ideen oder humanistische Hoffnungen. Dann spricht sie ausführlich, warm und klug und flicht in ihre geschliffene Rede ungewöhnliche und bereichernde Beispiele aus ihrem Wissensschatz ein.

In einem Buchladen ist Miss Crawford geneigt, alle Werke von Jefferson, Lincoln, Melville, Emerson und Thoreau zu kaufen, die ihre vorrangigen amerikanischen Helden sind. Von allen fünfen hat sie in ihrem Schlafzimmer Stiche hängen. Abgesehen von diesem Quintett zählen zu den Männern, die sie ihrer Ansicht nach am meisten beeinflußt haben, Rostovtzeff und seine »Social and Economic History of the Roman Empire«, Frazers »The Golden Bough«, Plato, dessen »Dialoge« sie in einer hübschen roten Lederausgabe in der Übersetzung von

Jovett besitzt, der Behaviorist Pavlow mit seinem Buch »Konditionierte Reflexe« und Freud. In ihrem Wohnzimmer stehen zwei große Regale mit Literatur über Psychoanalyse. Unter ihren Büchern über amerikanische Geschichte sind einige Revolutions-Tagebücher; sie besitzt eines der bekannten Exemplare dieses Landes von »England's Helicon, A Collection of Lyrical and Pastoral Poems Published in 1600« in einer Ausgabe von 1887. Es gibt wenige englische Dichter, gleichgültig wie lange sie schon tot oder wie kurz sie erst auf dem Markt sein mögen, über die sie nichts weiß. Ihr Gedächtnis für Lyrik, die sie zumeist im College auswendig gelernt hat, ist verblüffend. Abgesehen davon, daß sie alle Keatschen Oden aus dem Stegreif vortragen kann, vermag sie ganze Passagen Whitman, Shelley und Eliot aus dem Stand zu zitieren. Sie besitzt eine bedeutende Sammlung von Zeugnissen der modernen Broadway-Geschichte inklusive dreitausend Notenblätter mit Songs, die bis zum Jahr 1900 zurückreichen. Früher pflegte sie diese Lieder zu singen und sich dabei linkshändig auf einer Ukulele zu begleiten. Sie sang mit tiefer, vibrierender Stimme, die ganz im Gegensatz zum ruhigen Alt ihrer Sprechstimme steht.

Miss Crawfords enge Freunde, von denen sie ein paar hundert zu haben scheint, und zu denen die wichtigsten Theater- und Musicalstars ihrer Generation zählen, glauben, daß Zähigkeit sie an den Platz gebracht hat, den sie heute einnimmt, aber daß unbedingtes Vertrauen das wesentliche Merkmal ihres Charakters ist. Sie betonen, sie habe die anrührenden und melancholischen Augen der wahren Reformerin. Wie viele andere amerikanische Idealisten setzt sie sich engagiert für verschiedene Anliegen ein und steht endlose Komitteesitzungen durch. Sie hegt tiefes Mitgefühl für die Unterdrückten, die Mißhandelten und Unglücklichen, und glaubt, daß wenn in einem Komittee nur genügend energische Leute sitzen, werden die Verhältnisse sich bessern. Sie war immer eine entschiedene Verfechterin gleicher Rechte für schwarze Schauspieler an ihrem Theater. Daß sie mit der Truppe von »Porgy and Bess«, einem fast ausschließlich schwarzen Ensemble, so gut zurechtkam, wurde als eine Großtat angesehen. In der American Repertory Company, die sie vor vier Jahren recht erfolgreich gründete, brachte sie den talentierten Schwarzen Canada Lee in Shakespeares »The Tempest« als Caliban heraus, zusammen mit dem Norweger Zorina als Ariel, einem Italiener als Ferdinand und einer aus Oklahoma stammenden Miranda. Die American Repertory Company, die gegründet wurde, um Eve Le Gallienne und Margaret Webster als Stars zu lancieren, war wieder einer ihrer heillosen Versuche, am Broadway einen Lichtstrahl von Idealismus herbeizuzaubern. Bis heute ist Miss Crawford davon überzeugt, daß nur ein subventioniertes Repertoire-Ensemble das Theater und die Schauspieler vor dem reinen Show-Business bewahren kann und die Künstler auf diejenige kulturelle Stufe zu erheben vermag, die ihnen zukommt – ähnlich wie es bei der Pariser Comédie Française oder dem Londoner Old Vic der Fall ist, die staatlich subventioniert werden. Einen tröstlichen Ersatz für das American Repertory hat sie im Experimental Theatre gefunden, in dem sie Regie führt und neue Entwicklungen anregt. Das Experimental Theatre erregte diese Saison mit Brechts »Leben des Galilei« und seinem Hauptdarsteller Charles Laughton großes Aufsehen, ebenso mit »Skipper Next to God« von Jan de Hartog mit dem früheren Group-Mitglied John Garfield. Letzteres war ein genügend großer Erfolg, um es unter kommerziellen Bedingungen am Maxine Elliott Theatre herauszubringen. Das Actor's Studio ist Miss Crawford's neuestes idealistisches Projekt. Es wird von ihr, Elia Kazan und dem technischen Direktor von »Brigadoon«, Robert Lewis, geleitet – alle frühere Mitglieder des Group Theatre, die vermutlich niemals aufgeben werden. Das Studio ist eine Studienbühne – die bis vor ein paar Wochen über einer Kirche auf der 48. Straße untergebracht war, aber inzwischen eine bessere Bleibe in Nr. 1697 am Broadway gefunden hat – an der talentierte junge Künstler wie David Wayne aus »Mr. Roberts«, Marlon Brando und Karl Malden aus »A Streetcar Named Desire« und etwa vierzig weniger bekannte junge Schauspieler vom Broadway studieren, proben und von Freunden von Miss Crawford unterwiesen und angeleitet werden: erstklassigen Theaterleuten wie Thornton Wilder, Maxwell Anderson, Robert Edmond Jones, Moss Hart und Jerome Robbins.

Obwohl Miss Crawford aufgrund ihres jetziges Erfolgs am Broadway größerer Respekt entgegengebracht wird, genoß sie auch in ihren bescheideneren Zeiten Ansehen. Wann immer sie Mißerfolg hatte, war man dennoch der Ansicht, sie sei mit der richtigen Sache gescheitert. Doch als Idealistin mußte sie eine hervorragende Geschäftsfrau sein. Einer ihrer Freunde sagte: »Sie kann dir ein Ei verkaufen, das faul ist, aber sie glaubt aufrichtig daran. Für sie ist es ein Wunschtraum.« Auf ihre eifrige, schweigsame Weise scheint Miss Crawford ganz zufrieden weiterzumachen, möglichst erfolgreiche, erstklassige und nicht zu teure Musicals zu produzieren, aber einige ihrer Freunde glauben, das sei nicht gut genug für sie. »In diesem Musical-Business«, sagte kürzlich einer von ihnen »ist sie ein bemaltes Zirkuspferd auf einem Karussell. Früher war das anders. Da war sie ein Schlachtroß.«

(Mai 1948)

Sylvia Beach
Die unendliche Freude

In der Werkgeschichte von Joyce spielt Miss Sylvia Beach eine gleichermaßen überragende wie grundlegende Rolle: unerschrocken, selbstlos, völlig unerfahren und mit geringen Geldmitteln ausgestattet, brachte die junge Verlegerin 1922 in Paris »Ulysses« heraus, als dieses anstößige Meisterwerk in keinem englischsprachigen Land als Ganzes gedruckt werden konnte; ihr gelang das in Dijon, weil die dortigen Drucker nur französisch verstanden. In ihren Memoiren »Shakespeare and Company«, einer Beschreibung ihrer Zeitgenossenschaft und ihres Buchladens, stellte sie gleich zu Anfang Grundlegendes fest: »Mein Vater, der Reverend Sylvester Woodbridge Beach, D. D., war ein presbyterianischer Geistlicher, der siebzehn Jahre lang Pastor der First Presbyterian Church in Princeton, New Jersey war.« Woodrow Wilson war während seiner Amtszeit als Präsident von Princeton Mitglied dieser Gemeinde, und auch nachdem er Präsident der Vereinigten Staaten geworden war, blieben er und seine Familie der Gemeinde weiterhin verbunden. Reverend Dr. Beach traute im Weißen Haus dessen Töchter Jessie und Eleanor, und er erwies ihm seinen letzten Dienst, indem er bei der Beerdigung des Ex-Präsidenten amtierte. Miss Beachs Mutter wurde in Rawalpindi in Indien geboren, wo ihr aus Pennsylvania stammender Vater als Arzt und Missionar tätig war. 1919 telegrafierte Sylvia Beach an ihre Mutter, daß sie in Paris einen Buchladen eröffne – »bitte schick' Geld« –, und Mrs. Beach schickte ihr ihre gesamten Ersparnisse; unwissentlich machte sie damit die Veröffentlichung des in Frankreich gedruckten Bandes möglich, der die Grenzen der englischen Sprache sprengte und unserer Literatur den inneren Monolog bescherte. Zum Erstaunen von Miss Beach wurde ihr Buchladen und die Leihbibliothek in der Rue de l'Odéon für die aus Amerika hereinströmenden amerikanischen Touristen ein ebenso bekannten Anlaufpunkt wie das Café Les Deux Magots. Für uns alle, die wir damals am linken Seineufer wohnten, war sie einfach Sylvia – außer für jenen irischen Autor, für den sie immer Miss Beach blieb, genauso wie er mit der seltsamen Förmlichkeit des polyglotten Genies in der Fremde sowohl für sie wic für jedermann Mr. Joyce war.

Der Name für ihren Buchladen, erklärt Miss Beach, sei ihr eines Nachts eingefallen, vielleicht aus dem Grund, weil Shakespeare immer ein Bestseller gewesen sei; 1917, fährt sie fort, sei sie nach Paris gekommen, weil sie sich für zeitgenössische französische Literatur interessierte. Ein glücklicher Zufall habe sie in das »Maison des Amis des Livres« geführt, jenen französischen Buchladen mit Leihbibliothek (der bald das Vorbild für ihren eigenen werden sollte), den Mademoiselle Adrienne Monnier in der Rue de l'Odéon betrieb und wo sich das Interesse an guten zeitgenössischen Büchern auch auf Autoren wie Gide, Jean Schlumberger, die Dichter Valéry und Fargue und die Romanschriftsteller Larbaud und Jules Romains, erstreckte. Sie trafen sich häufig dort, diskutierten über ihre Werke und trugen bei Lesungen, an denen Sylvia teilnahm, aus ihren Manuskripten vor. Die Tatsache, daß sich die beiden außerordentlichen Frauen auf Anhieb verstanden – Mademoiselle Monnier, drall wie eine Äbtissin, die in ihrer Tracht aus langem, grauem Rock, leuchtender Samtweste und weißer Bluse immer leicht malerisch wirkte, und die schlanke Sylvia in strengem Jackett, weißem, schulmädchenhaftem Kragen und großer Nackenschleife im Stil von Colettes »Claudine à l'Ecole« –, hatte schließlich einen bestimmenden Einfluß auf die französischamerikanischen Literaturbeziehungen, die sich in Form eines regen kulturellen Austauschs in der Rue de l'Odéon entwickelten. Die unbekannten jungen Schriftsteller, die die neue Schule der amerikanischen Literatur begründeten, lebten allesamt freiwillig im Exil und fühlten sich zusammengehörig gegen die fremdsprachige Umgebung und dennoch heimisch; sie genossen die gallische Freizügigkeit, guten billigen Brandy anstelle des Prohibitions-Fusels und urbane Architekturschönheit anstatt der Weizenfelder des Mittleren Westens. »Shakespeare and Company« wurde zu ihrem Club, ihrer Postadresse, ihrem Treffpunkt und Forum. Praktisch alle von ihnen wurden nach jener unerklärlich kreativen Periode der zwanziger und dreißiger Jahre berühmt. Anerkannte Literaturexperten, die diese Autoren nur aus ihren Werken kannten, schrieben über sie oder erwähnten sie in Fußnoten.

Der Charme und der große Wert von Sylvia Beachs Buch besteht darin, daß sie diese jungen amerikanischen Schriftsteller der zwanziger Jahre in Paris persönlich kennenlernte und wahrheitsgemäß und treffsicher beschreibt.

Ihre kleinen, aus der Erinnerung geschriebenen Porträts liefern lebendige Eindrücke, insbesondere jenes über Hemingway, der damals seinen Unterhalt als Sportkorrespondent des Torontoer *Stars* verdiente. Bei ihrem ersten Zusammentreffen in ihrem Laden zog er Schuhe und Socken aus und rollte sein Hosenbein hoch, um ihr seine Narben aus dem Italienfeldzug zu zeigen. In ihrem Laden wurde sein Sohn Bumby gehütet, während Papa die Londoner Literaturzeitschriften las. Als er in einem dieser Magazine unter dem Titel »Der dumme Ochse« Wyndham Lewis' brutalen Angriff auf seine Person entdeckte, wurde er so wütend, daß er die Köpfe von drei Dutzend Tulpen abschlug (sie waren ein Geburtstagsgeschenk), die auf Sylvias Schreibtisch standen; danach stellte er einen Scheck über die doppelte Menge an Blumen aus. Zu den älteren Größen, die schon länger im Ausland lebten, gehörte Ezra Pound, der

»die Samtjacke und das offene Hemd« der englischen Ästheten trug. »Er erinnerte ein wenig an Whistler«, stellt Miss Beach fest und fügt hinzu, »obwohl seine Sprache andererseits die Huckleberry Finns war.« Kurz nachdem sie ihren Laden eröffnet hatte, tauchten zwei Besucherinnen auf: »Eine von ihnen mit einem sehr fein geschnittenen Gesicht war füllig, trug ein langes Kleid und auf dem Kopf einen sehr hübsch wirkenden Korb. Sie wurde von einer schlanken, dunklen und wunderlichen Frau begleitet: sie erinnerte mich an eine Zigeunerin. Es waren Gertrude Stein und Alice B. Toklas ... Alice war viel geschliffener als Gertrude. Und sie war erwachsen: Gertrude war ein Kind, eine Art Wunderkind.« Gertrude schrieb sich in der Leihbibliothek ein, die zu ihrem Mißfallen keine amüsanten Bücher enthielt, obwohl es sich sicherlich um die einzige Leihbibliothek in Paris handelte, die zwei Exemplare von »Tender Buttons« im Bestand hatte. Die drei Damen pflegten gutnachbarliche Beziehungen, obwohl Sylvia mit Gertrudes respektlosen Sticheleien gegen die französische Literatur, die sie als »Trara« bezeichnete, nicht einverstanden war, das gleiche galt für andere literarische Werke – dem von Joyce etwa. »Sie war enttäuscht von mir, als ich »Ulysses« herausbrachte, und kam in den Laden, um anzukündigen, daß fortan sie und Miss Toklas die Amerikanische Bibliothek auf dem rechten Seineufer beehren würden.« Das linke Seineufer war, soweit es internationale Schriftsteller anbelangte, eine überschaubare, kleine Welt, dennoch gelang es Miss Stein und Joyce, sich bis 1930 nicht zu treffen. Im Atelier von Jo Davidson, der von beiden Büsten angefertigt hatte, stellte Sylvia schließlich die zwei berühmtesten lebenden Erneuerer der englischen Sprache einander vor.

Miss Beachs Buch ist kenntnisreich, unakademisch und daher voller interessanter Informationen. Ihre Erinnerungen sind im wahrsten Sinne des Wortes ein Stichwortverzeichnis aller Künstler der zwanziger Jahre; und sie kannte sie alle, die

8 · Shakespeare and Company · 8
Lending Library

Großen und die Kleineren, die Nord- und die Südstaatler, die Fotografen, Trinker, Privatverleger, die Ledigen und die wenigen Verheirateten, die herumziehenden Musiker, aber vor allem diejenigen, die zum Schreiben geboren waren – die jungen Männer und Frauen, die der Krieg befreit und verändert hatte und deren erwachtes Talent unsere moderne amerikanische Literatur hervorbrachte. Einzigartig in ihrem Buch sind die beiden Beiträge über die Literaturgeschichte unseres Jahrhunderts. Der erste handelt (und hierin weiß nur sie vollständig Bescheid) von der legendär schwierigen Veröffentlichung des »Ulysses«, der zweite ist ein aufschlußreiches, unvergeßliches Porträt – sowohl was Äußerlichkeiten wie fast intime psychologische Bereiche anbelangt - von Mr. Joyce, dem halbblinden Genie, dem Autor, der das Manuskript neun Jahre lang immer wieder umschrieb, von schrecklichen Schmerzen und der Furcht gequält, es würde nie gedruckt werden und nie einen Leser erreichen. Miss Beach traf Joyce zum erstenmal an einem Sonntag im Sommer 1920 im Haus eines französischen Dichters, in das er von Ezra Pound, sie von Adrienne Monnier mitgenommen worden war. Er war mager, gebückt und würdevoll mit »schlaffem, knochenlosem Händedruck. Am Mittel- und Ringfinger der linken Hand trug er Ringe mit Steinen in schweren Fassungen«, schreibt sie. »Seine tiefblauen Augen, in denen der Funke des Genies blitzte, waren außerordemtlich schön. Ich bemerkte jedoch, daß er auf dem rechten Auge etwas schielte« – eine Folge des Grünen Stars. »Mit der hohen Stirn, dem welligen, hellen Haar, der zarten, leicht geröteten sommersprossigen Haut und dem schmalen feingeschnittenen Mund, vermittelte er den Eindruck einer außerordentlichen Sensibilität, wie sie mir zuvor noch nie begegnet war.« Wenn auf der anderen Straßenseite ein Hund bellte, zitterte er vor Angst, denn seit er im Alter von fünf Jahren von einem Hund gebissen worden war, fürchtete er sich vor ihnen und griff sich, sobald er eines dieser Tiere ansichtig wurde, an den Bart, den er deswegen trug, wie er sagte, um die Narbe zu verbergen. Bei etwas anstößigen französischen Plaudereien errötete er zutiefst, obwohl seiner eigenen Schätzung nach fast zehn Prozent des »Ulysses« als sittlich anstößig gelten können. Am nächsten Tag kam er wie Stephen Dedalus mit wirbelndem Spazierstock in ihren Laden – »einen schwarzen Filzhut zurückgeschoben auf dem Kopf und an den Füßen Tennisschuhe, die nicht sonderlich weiß waren ... Joyce sah immer ein bißchen schäbig aus.« Da sie ihn als den größten lebenden Schriftsteller verehrte, schlug sie kurze Zeit später vor, »Shakespeare and Company« würde sein Meisterwerk verlegen, was er bereitwillig akzeptierte. An dieser Stelle muß darauf hingewiesen werden, daß »Ulysses« das Leben von vier amerikanischen Frauen beeinflußt, besser gesagt schwer beeinträchtigt hat: sie wagten, was sich kein Mann getraute – es in ganzer Länge zu veröffentlichen. Die erste war Miss Harriet Weaver, die das Buch in ihrer Londoner Zeitschrift »Egoist« bereits bis zu dem Kapitel »Wandering Rocks« veröffentlicht hatte. An diesem Punkt wurden die Proteste ihrer Abonnenten so heftig, daß sie über Nacht die Zeitschrift einstellte und die Egoist Press eröffnete, um den Rest herauszubringen. Die englischen Drucker jedoch weigerten sich, es zu setzen, da sie nach britischem Recht ebenso wie der Verleger mit Strafe rechnen mußten, falls es mit dem Buch Schwierigkeiten geben würde. Dann begannen in New York Margaret Anderson und Jean Heap mit der Veröffentlichung von »Ulysses« in ihrer *Little Review*, von der drei Ausgaben vom United Post Office beschlagnahmt wurden; nachdem die vierte auf Veranlassung von John Sumners »Gesellschaft zur Unterdrückung des Lasters« sichergestellt worden war, wurden die beiden wegen Verbreitung unzüchtiger Schriften angeklagt. Die hohen Geldstrafen, mit denen man sie belegte, bedeuteten das Ende der *Little Review*. Von Joyce erfuhr Miss Beach die traurige Geschichte der *Little Review*, und er fügte mit tragischer Stimme hinzu: »Mein Buch wird jetzt nie mehr herauskommen«, was sie zu ihrem Angebot verleitete, das fast das Ende für »Shakespeare and Company« bedeutet hätte.

Während der Fertigstellung des Manuskripts und des langen Kampfes um die Veröffentlichung, war der Laden zu Ehren von Ulysses, dem Umherirrenden, mit der blauen griechischen Fahne geschmückt. Joyce schrieb mit weichen, schwarzen Stiften. Intelligente Helfer zu finden, die seine exotischen und erotischen Schriften entziffern und abtippen konnten, wurde schwieriger, nachdem der Ehemann einer dieser selbstlosen Damen, empört über den Text, die Abschrift ins Feuer geworfen hatte. Miss Beach wurde Joyces Sekretärin, Herausgeberin, Impresario und Bankier und mußte Hilfskräfte einstellen, die den Laden führten. Sie organisierte internationale und französische Subskriptionslisten, um die Veröffentlichungskosten des Buches und die vierköpfige Joyce-Familie zu finanzieren. In Adrienne Monniers Buchladen gegenüber veranstaltete der zweisprachige französische Romanautor Larbaud, der dem Buch »Rabelais'sche Größe« zubilligte, eine Lesung, zu der Eintritt verlangt wurde. Er hatte einige Kapitel ins Französische übertragen (sogar den französischen Zuhörern wurde zugestanden »sich beleidigt fühlen zu dürfen«), und Joyce wählte einen Auszug aus den »Sirenen«-Kapiteln, der in Englisch vorgetragen wurde. Nachdem in Dijon mit dem Setzen begonnen worden war, schrieb Joyce in einer Art postskriptaler Ekstase weitere neunzigtausend Wörter auf die teuren Druckfahnen und erweiterte damit das Werk auf einen Umfang von 260 430 Wörtern. Am 2. Februar 1922, an seinem vierzigsten Geburtstag, gelang es Miss Beach, zwei fertige Exemplare zu bekommen: eines für ihn und eines für sich. Obwohl das Buch in England und Amerika nicht verkauft werden durfte, weil es dort der Zensur unterlag und beschlagnahmt wurde (auf Kundenanforderung verschickte es allerdings Miss Beach in falschen Schutzumschlägen entweder unter dem Titel »Shakespeares Complete Works in One Volume« oder als »Merry Tales for Little Folks«), lebte Joyce inzwischen sehr luxuriös. »Ulysses« war nach Jahren der Geldknappheit eine Investition, die sich auszahlte, wie Miss Beach richtig feststellt. Wenn wir weniger bedeutenden Leute vom linken Seineufer ins Les Trianons auf dem Montparnasse zum Tanzen gingen, konnten wir in das elegante Restaurant hineinspähen, in dem die Familie Joyce beim Dinner saß und wo er wie ein König bedient wurde, weil er fürstliche Trinkgelder gab – »er gab zuviel Trinkgeld«, wie jemand, »der das Leben kennt«, schreibt Miss Beach; inzwischen litt sie unter Geldknappheit. »Ich war von Anfang an der Ansicht, daß ich von der Arbeit mit und für Joyce am meisten profitierte – es war eine unendliche Freude; der Gewinn war allein ihm vorbehalten. Alles, was aus seiner Arbeit herauszuholen war, und ich holte alles heraus, gehörte ihm.« Ihr brachte es neben dem Ruhm vor allem unwillkommene Angebote ein: Gerade sie als Pfarrerstochter sollte weiterhin erotische Literatur verlegen, so etwa auf Wunsch von Aldous Huxley »Lady Chatterley's Lover« oder die gepfefferten Memoiren eines Maître d'Hôtel im Maxim's.

Die Einzelheiten der Auflösung von Miss Beachs und James Joyces ungeregelten geschäftlichen Beziehungen sind schmerzhaft und schnell erzählt. Ihre gemeinsame Arbeit basierte auf der gegenseitigen Anerkennung seines Genies, ein Vertrag war nicht geschlossen worden. Ende 1930 präsentierte er plötzlich einen Vertrag, den er aufgesetzt hatte und der von beiden unterschrieben wurde, obwohl er sich für sie juristisch als völlig wertlos entpuppte. Es handelte sich um ein spitzfindiges Dokument, in dem er ihr erstmals die Weltrechte an der Veröffentlichung von »Ulysses« zugestand, aber gleichzeitig die Bedingung stellte, daß sie diese Rechte aufgeben sollte »falls es im Interesse des Autors ratsam wäre«. In diesem Fall sollte ihr der neue Verleger die Rechte zu dem von ihr festgesetzten Preis abkaufen. Verzweifelt über die amerikanischen Raubdrucke, bemühte sich Joyce um eine Veröffentlichung bei Random House in New York (von dem er 45 000 Dollar Vorschuß erhielt, wie er später zugab), ohne ihr etwas davon zu sagen. Sie erfuhr es von anderer Seite, wobei gleichzeitig hinzugefügt wurde, sie stehe ihm nur im Weg. Also rief sie Mr. Joyce an und erklärte, er könne über »Ulysses« nach Belieben verfügen, ohne auf sie Rücksicht nehmen zu müssen, was er inzwischen offensichtlich ohnehin schon getan hatte. Denn schließlich, stellt sie in ihrem Buch fest, gehörte das Buch ihm: »Ein Baby gehört seiner Mutter und nicht der Hebamme.«

Mitte der dreißiger Jahre, in den Nachwehen der Wirtschaftskrise, ging es »Shakespeare and Company« so schlecht, daß Miss Beach André Gide gegenüber äußerte, sie spiele mit dem Gedanken, den Laden zu schließen. Die französischen Schriftsteller von Adrienne Monniers Buchladen reagierten wundervoll: Erstens sandten sie an die französische Regierung eine Bittschrift, den Laden zu unterstützen (die natürlich abgeschlagen wurde), als zweites bildeten sie ein Komittee, in dem sich ein Teil der wichtigsten Talente der Zeit zusammenfanden – Gide, Duhamel, de Lacretelle, Jules Romains, Valéry, Schlumberger und andere. Sie veröffentlichten einen Aufruf, der zweihundert Leute dazu bringen sollte, zwei Jahre lang jährlich zweihundert Francs beizusteuern, um den Laden zu erhalten. Sie hielten dort auch Lesungen für die Unterzeichner ab, während derer Valéry einige seiner schönsten Gedichte vortrug – auf besonderen Wunsch von Joyce auch »Le Serpent« –, obwohl nicht bekannt ist, ob Joyce selbst irgendwann gelesen hat. Von den amerikanischen Schriftstellern kam T. S. Eliot aus London, und sogar Hemingway erklärte sich bereit, aus seinen Werken vorzutragen, nachdem Stephen Spender zugestimmt hatte, gleichzeitig mit ihm aufzutreten. So wurde »Shakespeare and Company« gerettet – bis es 1941 von Sylvia persönlich bis zum letzten Buch ausgeräumt wurde: Ein deutscher Offizier, dem das letzte Exemplar von »Finnegans Wake«

verweigert worden war, drohte zurückzukommen und das Buch mit allem anderen zu konfiszieren. Miss Beach wurde daraufhin ein halbes Jahr in ein Internierungslager gesperrt. Wieder einmal hatte Joyce eine wichtige Rolle in ihrem Leben gespielt. Heute ist der Laden geschlossen, sie lebt mit ihren Erinnerungen in einer kleinen Wohnung darüber.

(Oktober 1959)

Margaret Anderson
Leben auf einer Wolke

Mit dem Tod von Margaret Anderson im Herbst 1973 in Südfrankreich verschwand die letzte herausragende Gestalt aus dem kleinen Kreis amerikanischer Amateurverleger – seltsamerweise alle Frauen –, die vor einem halben Jahrhundert avantgardistische Werke herausgaben, die unerwarteterweise eine ganz neue Art von Literatur begründeten. Margaret Andersons bemerkenswerte Leistung bestand darin, daß sie in ihrer berühmten, 1914 begonnenen Zeitschrift *The Little Review*, drei Jahre lang James Joyces »Ulysses« abdruckte – jenes sprachlich schockierende Meisterwerk, das langsam als das verstanden wurde, was es bis heute ist: Ein literarischer Klassiker und Wegweiser auf dem Gebiet des englischsprachigen Romans des 20. Jahrhunderts. Als bekannt wurde, daß sie höchstpersönlich mit ihren zarten Fingern sich durch die Berge schmuddeliger Manuskriptseiten einschließlich der erotischen Teile durchgearbeitet hatte, fielen die ersten Strahlen eines kommenden Ruhms auf sie. Wie war das bei einem so hübschen, femininen Geschöpf möglich? Ihr wunderbares Profil mit den blonden, wehenden Locken, ihr klar tönendes Lachen, ihre fließenden Bewegungen in dem engen Tailleur, alles an ihr war voller Schwung. Doch die Vielseitigkeit und das Geheimnis ihres wahren Selbst verbargen sich in ihrem Innern, das von ihrer äußeren Erscheinung ganz verschieden war. Die äußere Schönheit verbarg einen stahlharten Willen, der sich besonders dann am unbeugsamsten erwies, wenn sie in Debatten, ihrer bevorzugten Form intellektueller

Auseinandersetzung, verwickelt war, was ich aus langjähriger Bekanntschaft mit ihr bestätigen kann. Eine Debatte war für sie so etwas wie eine Waage, auf der sie Wahrheit und Vermutung gegeneinander abwog, da sie akademisch zu wenig gebildet war, um die Dinge von vornherein richtig einzuschätzen.

1886 als Tochter wohlhabender Eltern in Indianapolis geboren – der Vater war ein Liberaler, die Mutter eine Frömmlerin, die sie nicht mochte –, entwickelte sie früh eine so eigensinnige Liebe zur Klaviermusik, daß sie bei ihrem Eintritt ins »Western College for Women«, einem klassischen Provinzgymnasium in Ohio, ihre Lehrerschaft davon überzeugen konnte, die vorgeschriebenen Anfängerkurse nicht besuchen zu müssen und sich statt dessen nur dem Klavierspiel widmen zu dürfen. Aber aus Faulheit machte sie nie ihre Czerny-Fingerübungen und zog es statt dessen vor, heimlich und verträumt den fortgeschrittenen Schülerinnen zu lauschen, deren Repertoire an Präludien und Nocturnes sie bald auswendig kannte. Sie hörte lieber dem Spiel anderer zu, als selbst zu spielen. Von Haus aus war sie eine Feindin von Konvention und Disziplin – eine romantische Rebellin, die Chopin liebte und wahllos alles las, was ihr in die Finger kam. Aber ihre wirkliche Leidenschaft galt dem Gespräch. Schon früh war sie davon überzeugt, nur Künstler besäßen die Gabe zu inspirierender Konversation, und sie wollte lieber tot sein, als solche Gespräche zu versäumen. Allerdings bezweifelte sie, daß ihre Heimatstadt ihr dazu Gelegenheit bieten würde. Tatsächlich entwickelte sie sich zu einer so fanatischen Zuhörerin, daß sie 1906 nach drei Jahren im Western College ihren Vater davon überzeugen konnte, sie in Chicago, dem damaligen intellektuellen Zentrum des Mittleren Westens, ihre Zuhörerschaft fortsetzen zu lassen.

Chicago, dessen Schlachthöfe die Stadt bei Westwind in unangenehme Gerüche hüllte, war eine anregende Mischung aus Vergangenem, Gegenwärtigem und zukunftsweisender intellektueller Betriebsamkeit – eine Stadt mit hochragenden Wolkenkratzern, die sich am Ufer des Lake Michigan erstreckt. In den Klassen des Art Institute an der Michigan Avenue waren immer noch Impressionismus und Kubismus tonangebend. Harriet Monroe startete gerade ihre einflußreiche Zeitschrift *Poetry,* die so gotteslästerliche Neulinge wie Ezra Pound, Vachel Lindsay, den explosiven Carl Sandburg, D. H. Lawrence und William Butler Yeats vorstellte. Es gab auch eine Gruppe literarischer Rebellen, zu denen Ben Hecht, Maxwell Bodenheim, Burton Roscoe, Witter Bynner, Henry Hansen und Floyd Dell zählten, die der mittelwestlichen Metropole den Ruf eines kreativen Zentrums einbrachten, der nur von New York übertroffen wurde.

Voller Eifer stürzte sich Margaret in diesen Mahlstrom. Für acht Dollar pro Woche übernahm sie einen Job in einem Buchladen, der von Frank Lloyd Wright eingerichtet worden war. Geführt wurde der Laden von den beiden Söhnen von Francis F. Browne, dem Herausgeber der Literaturzeitschrift *The Dial,* dessen Mitarbeiterstab sie sich bald anschloß und wo sie das praktische Wissen zur Herstellung eines Magazins erwarb. Mit Buchkritiken für ein religiöses Blatt und für die Chicagoer *Evening Post* besserte sie ihr Einkommen auf. Sie war nun Anfang Zwanzig und wollte unbedingt ihr Bedürfnis nach gezielter Anregung umsetzen, das schließlich zur treibenden Kraft ihrer Karriere werden sollte. Spontan beschloß sie, »die beste Kunstzeitschrift der Welt zu gründen«, wie sie sich anfänglich etwas hochtrabend ausdrückte. Das war *The Little Review,* eine Monatszeitschrift, die »den sieben Künsten« gewidmet sein sollte und die sich das aufrührerische Motto »Eine Kunstzeitschrift, die mit dem herrschenden Geschmack keine Kompromisse eingeht« gegeben hatte.

Ein Freund, der bei einem bescheidenen Landwirtschaftsblättchen arbeitete und außerdem in sie verliebt war, stellte ihr das Gründungskapital für das kühne Unterfangen zur Verfügung. Er besaß wenig Geld, bot ihr aber an, von seinem mageren Salär die Druckkosten und die Miete für ein billiges Büro zu bezahlen; außerdem riet er ihr, nach New York und Boston zu fahren, um Anzeigenkunden für die erste Nummer zu werben. Auf dieser Reise brachte sie wunderbarerweise vierhundertfünfzig Dollar zusammen. Die beiden alteingesessenen Verlage Scribner und Houghton Mifflin kauften auf gut Glück jeweils zwei Seiten ihrer geplanten Zeitschrift, denn Margaret war eine überzeugende Geschäftsfrau. Auf diese Weise konnte die *Little Review* im März 1914 erscheinen. Niemand erwartete ein Honorar für die Beiträge, und niemand bekam eines. Aber keiner fühlte sich ausgebeutet. Neun Jahre später in Paris meinte Gertrude Stein, daß ihr ohne einen roten Heller nirgendwo in Europa ein solches Wunder geglückt wäre, besonders in Frankreich nicht.

In der ersten Nummer der *Review* waren Margarets exaltierte Ansichten über Paderewskis Schauspielkünste zu lesen, ihre Meinung über Galsworthys neuen Roman »The Dark Flower«, William Vaughn Moodys Briefe und die Gedichte des zu Besuch weilenden Rupert Brooke – wobei viele meinten, die Schönheit seines Porträts gleiche einem Bild seiner Muse. Vachel Lindsay steuerte das Gedicht »How a Little Girl Danced« bei. Außerdem gab es einen Artikel über »Die Bedeutung des Bergsonismus« von Llewellyn Jones, und George Soule schrieb über »Die kubistische Literatur von Gertrude Stein«, in dem er ihre »Aversion gegen Personalpronomen« und »ihr striktes Festhalten an einfachen Aussagesätzen, die von keinen Nebensätzen beeinträchtigt werden«, erläuterte. Gleichzeitig lieferte die Zeitschrift einen Überblick über alle literarischen Bereiche, die für Chicagos Leser von Interesse waren. In der zweiten Nummer lobte William Butler Yeats »General William Booth Enters Into Heaven« wegen seiner »ernsten Schlichtheit« und »seltsamen Schönheit« und prophezeite, es werde in Gedicht-Anthologien Eingang finden, was bald darauf geschah.

Die dritte Nummer, die im Mai 1914 erschien, schlug eine gefährlichere und profitbringendere Richtung ein. Die Anarchistin Emma Goldmann war zu einem Vortrag nach Chicago gekommen, und gerade als die *Little Review* begann, auf die Unbeeindruckbaren Eindruck zu machen, brachte Margaret einen Artikel heraus, in dem sie den Besitz des Privatkapitals verdammte und die »anarchistische Religion« rühmte. Da Miss Goldmann als Verteidigerin der freien Liebe und des gezielten Einsatzes von Bomben zur Sicherung der universellen Brüderlichkeit ein Greuel für die Mehrzahl der respektablen Bürger war, rief die Mai-Nummer einen Skandal hervor. Margarets freundlicher Unterstützer ließ sie wissen, er verliere seinen Job, falls seine Verbindung zu ihrem plötzlich berüchtigten Magazin bekannt würde, und bat sie um Verständnis, wenn er ihr keine Geldmittel mehr zukommen ließ. Margaret, die jedem Notfall gewachsen war, da Widrigkeiten sie immer anregten, versicherte ihm, daß nichts die *Little Review* aufhalten könne.

So war es auch. Margaret schrieb wieder Buchkritiken, um die Druckkosten bezahlen zu können, und führte Werbekampagnen für neue Subskribenten. Der Dichter Eunice Strong Tietjens brachte ihr einen Diamantring und sagte: »Ich mag ihn nicht mehr. Verkaufen Sie ihn, und bringen Sie die nächste Nummer heraus.« Der einflußreiche Leston Tylor machte in seiner berühmten Kolumne in der Chicagoer *Tribune* für sie und ihre Zeitschrift Reklame. Frank Lloyd Wright steuerte hundert Dollar bei: Und die Herausgeberin aß, wenn sie es sich leisten konnte. Aber sie machte keine Kompromisse. Harriet Monroe stellte ihr Amy Lowell vor. Die begüterte, würdevolle Vertreterin des Imagismus bot ihr an, die Zeitschrift zu unterstützen, wenn sie selbst das Lektorat für Lyrik übernehmen dürfte. Margaret lehnte das Angebot entschieden ab; sie könne nicht als »Teilhaberin« arbeiten, sagte sie. Als Margaret die Miete für eine Wohnung in der Stadt nicht mehr zusammenbekam, stellten sie, ihre geschiedene Schwester Lois, deren zwei kleine Söhne und die unbezahlte Bürokraft Harriet Dean am Ufer des Michigan Sees Zelte auf, in denen sie von Mitte Mai bis Mitte November lebten, als es bereits sehr kalt zu werden begann. Damals lief in der *Review* gerade eine Artikelserie über Nietzsche. Ein Journalist der Chicagoer *Tribune* interviewte Margaret und schrieb einen Artikel über die revolutionären Strandbewohner. Daraufhin stellten sich eine Menge willkommener Subskribenten ein. Allerdings verlor die Gruppe dadurch auch ein Haus, das ihnen in Aussicht gestellt worden war. Denn nachdem dessen Besitzerin, eine gewisse Mrs. Buckley, den Artikel gelesen hatte, sagte sie, sie denke nicht im Traum daran, ihr Haus einer Person wie Miss Anderson zu überlassen, und was für ein Schock es gewesen sei, festzustellen, daß eine junge Dame, die einen so reizenden Eindruck gemacht habe, so verkommen sein könne. Bevor die Strandbewohner einen vermutlich eisigen Winter im Sand verbrachten, wurden sie von einem mit Emma Goldmann befreundeten Sozialisten gerettet, der ihnen in der Indiana Avenue ein düsteres, leerstehendes Gebäude überließ.

Im folgenden Frühling stellte sich die Andersonsche Ruhelosigkeit wieder ein. Margaret verlegte die *Little Review* von Chicago nach Kalifornien – in ein heruntergekommenes Ranch-Haus in der Nähe von Muir Woods an der Bay von San Francisco. Margaret hegte eine große Leidenschaft für die Natur, auch für das Leben in freier Natur, wenn nötig ohne alle Bequemlichkeit. Kurz zuvor hatte sie in den Mitarbeiterstab der *Review* eine hochintelligente Assistentin namens Jean Heap aufgenommen – eine eindrucksvoll aussehende Person norwegischer Abstammung, deren Vater Nervenarzt und Chef einer Anstalt im Mittleren Westen war. Jane hatte ihre Kindheit und Jugend unter Geisteskranken verbracht, deren Gesellschaft sie als lehrreich empfand, deren Irrationalitäten und Vorstellungen sie sehr interessierten und über die sie wundervolle Geschichten erzählte. Die erste kalifornische Nummer wurde eine ihrer berühmtesten und in gewisser Hinsicht die berüchtigste. Sie bestand aus vierundsechzig leeren Seiten. Da sie die erhaltenen Beiträge nicht gut genug fand, um abgedruckt zu werden, waren die einzigen Worte, die ihr die Druckerschwärze wert waren, die Feststellung: Es sei keine Kunst produziert worden, und sie würde auf keinen Fall Zweitklassiges veröffentlichen. Wenn Margaret von Kunst sprach, dann meinte sie gewöhnlich gehobene Konversation oder Ideen über eine der verschiedenen Künste. In »My Thirty Years«, dem ersten Band ihrer Memoiren, der 1930 erschien, stellte sie fest, sie habe nie verstanden, warum man über den Satz »Kunst um der Kunst willen« die Nase rümpfe, da er für sie das Ideal darstelle. »Sollte es etwa Kunst um des Geldes willen heißen?« fragte sie. Ihrer Meinung nach war ein Künstler eine eigenwillige Person, die etwas Außergewöhnliches zu sagen hatte. Daher wurde Jean Heap ermutigt, exzentrische Monologe zu Papier zu bringen, die mit »jh« gezeichnet waren und in den späteren und besten Ausgaben der *Little Review* einen festen Platz einnahmen. Nur selten druckte das Magazin solch gute Prosa. Zumeist brachte es hochrangige Abhandlungen über ästhetische Fragen und nur gelegentlich Beispiele hervorragender Schriftstellerkunst – die wurden gewöhnlich von Ezra Pound, ihrem Mitarbeiter in Europa, geliefert, den das Magazin 1917 gewann, als Margaret, Jane und die *Little Review* überstürzt nach New York übersiedelten.

Tatsächlich war es Pound, der das Manuskript von »Ulysses« nach Amerika schickte, das der *Little Review* höchsten Ruhm und schließlich den Untergang bescheren sollte. Pound empfahl Joyces Arbeit aufs wärmste, gleichzeitig warnte er vor möglichen Schwierigkeiten von Seiten der Zensoren. Bei der Lektüre von Joyce soll Margaret ausgerufen haben: »Das ist das Schönste, was wir je haben werden! Wir drucken es, und wenn es das Letzte sein sollte, was wir tun.« Bis zu einem gewissen Grad kam es auch so. Drei Jahre lang wurden Ausschnitte aus »Ulysses« abgedruckt, ohne von den Lesern besonders geschätzt zu werden, und viermal wurde die Zeitschrift auf Anordnung des United State Post Office wegen Obszönität verbrannt. »Es war wie eine Verbrennung auf dem Scheiterhaufen, fand ich«, schrieb Margaret später in ihren Memoiren. »Die Mühe, die wir uns gemacht haben, Joyces Text zu erhalten, die Sorgen wegen der Rechnungen, die sich anhäuften, nachdem wir keine Vorauszahlungen mehr bekamen, die Geschicklichkeit, die ich gegenüber Druckern, Buchbindern und Papierlieferanten aufbot – Tränen, Bitten, hysterische Ausbrüche und Wutanfälle –, um sie ohne finanzielle Garantien zum Weitermachen zu bewegen, das Adressenschreiben, Verpacken, Frankieren, Verschicken, die erwartungsvolle Erregung, wie die Welt dieses Meisterwerk unserer Generation aufnehmen würde ... und dann eine Mitteilung des Post Office: VERBRANNT.« Obwohl die *Little Review* Joyce Werk schon früh als Meisterwerk erkannte und große Hoffnungen darauf setzte, war die Reaktion des Publikums auf »Ulysses« im allgemeinen kühl, wenn nicht ablehnend. Mehrere Monate lang – in einzelnen Fällen mehrere Jahre – kamen von seiten der Intellektuellen wenig begeisterte Reaktionen. Gelegentlich trafen ein paar oberflächlich anerkennende Schreiben ein, meist aus dem hintersten Westen. New York verhielt sich besonders indifferent, und die *Times* war am schlimmsten. »Tatsächlich gefiel es der *Times,* uns alle als Verbreiter unzüchtiger Literatur zu beleidigen«, stellte Margaret fest. Dies waren die heldenhaften Tage der beiden Verlegerinnen. Es war eine jener Phasen, als sie zeitweise überhaupt kein Geld besaßen. Margaret und Jane Heap lebten damals im Haus Nr. 24 auf der 16. Straße West im alten William Cullen Bryant-Haus. Manchmal hatten sie nichts als Kartoffeln zu essen, von denen sie vorausschauenderweise bei einem Bauern auf Long Island einen Sack voll gekauft hatten. Ein andermal gab es nur Mehl in der Küche, also ernährten sie sich von Keksen. Sie hatten den billigsten Drucker in ganz New York – einen gewissen Mr. Popovitch, dessen Mutter in Serbien eine gefeierte Dichterin gewesen war – und sonntags gingen Margaret und Jane oft in seine Druckerei auf der East Side, um ihm beim Setzen, der Bogenkorrektur und beim Falten der Seiten für den Buchbinder zu helfen. Schließlich kam aber doch eine Glückssträhne: Ezra Pound schrieb eine höfliche Empfehlung an John Quinn, den bekannten Justitiar der Tammany Hall und Sammler moderner Malerei und Manuskripte. Nachdem der ihnen erklärt hatte, wie sie ihre Zeitschrift führen sollten, verschaffte er ihnen Stiftungsgelder in Höhe von 1 600 Dollar, steuerte selbst vierhundert bei und bat drei reiche Freunde, darunter Otto Kahn, dasselbe zu tun. Mindestens acht Monate lang lebten und arbeiteten die beiden Frauen und gaben sogar furchtlos weiterhin ihre Zeitschrift heraus – doch von seiten des Publikums, das Joyces Werk heftig ablehnte, erhielten sie beleidigende Briefe. Die Entrüstung bezog sich hauptsächlich auf eine Episode, in der sich Mr. Bloom seinen erotischen Phantasien über Gertie McDowell und deren Unterwäsche hingibt. Die Beschwerden waren allerdings häufig obszöner als alles, was Joyce je geschrieben hatte. Gleichzeitig kündigten sich die Schwierigkeiten an, die die beiden Verlegerinnen kurz danach mit der »Gesellschaft zur Unterdrückung des Lasters« bekommen sollten. Der Proteststurm begann am 4. Oktober 1920, als der Washington Square Bookshop der *Little Review* mitteilte, man habe ein Schreiben der »Gesellschaft zur Unterdrückung des Lasters« erhalten, da ihr Laden ein Exemplar der Juli-August-Ausgabe an eine Jugendliche verkauft habe, die sich als gerade zehnjähriges Mädchen herausstellte. John Quinn bezeichnete die beiden Verlegerinnen als »verdammte Närrinnen«, weil sie glaubten, in einem solch »erzpuritanischen Land« wie den Vereinigten Staaten ein Buch wie »Ulysses« herausbringen zu können. Er erklärte sich bereit, gegen die einstweilige Verfügung Einspruch einzulegen, hielt das Ganze aber für aussichtslos. Er sagte, er tue dies für Joyce, nicht für die beiden, weil sie nämlich »keinen Funken normalen Menschenverstandes« besäßen – wahrscheinlich das Treffendste, was bis dahin über die beiden gesagt worden war. Margaret Anderson und Jane Heap trafen im Court of Special Sessions auf drei Richter: Zwei waren weißhaarig und verschliefen den Hauptteil der Verhandlung; der dritte, entweder norwegischer Abstammung oder zumindest mit einer gewissen Liebe für dieses Land, sagte hinterher, wenn er gewußt hätte, daß Jane norwegische Vorfahren hatte, wäre seine Entscheidung anders ausgefallen. Möglicherweise hat aber Quinn den Prozeß verpatzt. Indem er seine Verteidigung auf das weltweite literarische Prestige von Joyce aufbaute, unterstellte er den Richtern Unwissenheit in kulturellen Fragen, die sie hindere, zwischen Literatur und Pornographie zu unterscheiden. Die Richter interessierte der literarische Ruf von James Joyce überhaupt nicht. Für sie stand nur die Frage der Unsittlichkeit zur Debatte. Zu einem bestimmten Zeitpunkt wachte einer der schlafenden Richter auf, warf Margaret einen fürsorglichen Blick zu und weigerte sich, die anstößigen Stellen in ihrer Gegenwart vorlesen zu lassen. Das darauffolgende Urteil fiel natürlich gegen die *Little Review* aus. Die Zeitschrift wurde mit einer Strafe von hundert Dollar belegt, und trotz John Quinns wütendem Protest wurden Margaret Anderson und Jane Heap zur Abnahme der Fingerabdrücke abgeführt. Während des ganzen Prozesses stellte sich keine einzige New Yorker Zeitung hinter die beiden Frauen oder James Joyce. Niemand wollte mit dem »Ulysses«-Skandal in Verbindung gebracht werden. Nur Mary Garden, die treue Freundin der beiden Frauen, meldete sich zu Wort. »Ihr habt mich enttäuscht«, schrieb sie. »Ich dachte, ihr kämt ins Gefängnis.« Erst zwei Jahre später, als Sylvia Beach in Paris »Ulysses« in Buchform herausbrachte, begannen auch die Amerikaner die Begeisterung der *Little Review* für James Joyces Werk zu teilen. Eine wachsende Anzahl unserer Landsleute schmuggelte damals bei der Rückkehr aus Europa ein Exemplar mit ein (zusammen mit der üblichen verbotenen Flasche Scotch). Sicher bestand anfangs der Kitzel nur darin, etwa Seltenes und Illegales zu besitzen, aber später wurde man sich der literarischen Bedeutung des Buches immer deutlicher bewußt. Schließlich widmete auch die scheinheilige *Times* dem Joyceschen Meisterwerk einen Artikel.

Zu diesem Zeitpunkt jedoch hatte Margaret genug von der *Little Review* und wollte sich neuen Projekten zuwenden. In einem der Dialoge, die sie gerne als eine Art gedanklicher Klärung in der Zeitschrift abdruckte, schrieb sie:

»Ich gebe die *Little Review* endgültig auf«, sagte ich Jane.

»Du kannst sie nicht aufgeben, du hast sie angefangen.«

»Bist du verrückt? Ich habe sie angefangen. Ich kann sie aufgeben.«

»Du hast kein Verantwortungsbewußtsein.«

»Selbsterhaltung ist die erste Verantwortlichkeit.«

»Du kannst sie auf keinen Fall aufgeben.«

»Natürlich kann ich das. Ich gebe sie dir.«

Diese Abdankung machte Jane zur alleinigen Herausgeberin, obwohl Margaret sich das Recht an dem Titel sicherte, bis die *Review* – sie erschien damals vierteljährlich, dann jährlich – 1929 die letzte Nummer herausbrachte.

Die Begegnung mit zwei vollkommen gegensätzlichen Persönlichkeiten zeigten Margaret die Richtung an, aus der die Veränderungen kommen würden. William Butler Yeats, ein früher Mitarbeiter der *Little Review,* der gerade zu einem Besuch in den Staaten weilte, ließ mit seinen Anekdoten über europäische Schriftsteller in ihr den Wunsch entstehen, die Autoren in ihrer heimischen Umgebung aufzusuchen. Das Zusammentreffen mit Georgette LeBlanc, der früheren Gefährtin von Maurice Maeterlinck, erwies sich allerdings als noch schicksalsträchtiger. Von Anfang an verband die beiden eine Freundschaft, die sich als dauerhaft erweisen sollte. Madame Maeterlinck, eine Diseuse und Sängerin von außerordentlichem Zartgefühl, hatte in New York eine Reihe von Auftritten hinter sich, die leider auf nur geringes Interesse gestoßen waren. Ihre Begeisterung für die Amerikaner als junge und vitale Rasse ließ bei ihrem amerikanischen Publikum jedoch keineswegs eine ähnliche Bewunderung für ihre gallischen Künste entstehen. Sie plante, nach Paris zurückzukehren, und bot Margaret an, ihre Klavierbegleiterin zu werden. Schließlich sah es doch noch so aus, als sollte sich Margarets Leidenschaft für das Piano auszahlen.

Im Frühling 1923 fuhren Margaret, Georgette und Jane Heap nach Frankreich. In Paris besuchten die Verlegerinnen als erstes Ezra Pound. »Ihn zu kennen, wird interessant sein, wenn er erwachsen geworden ist«, lautete Margarets scharfes Urteil nach der Begegnung mit dem achtunddreißigjährigen Schriftsteller. Sie wünschte sich immer, daß eine Beziehung, eine Persönlichkeit, die sie entdeckt oder geschickt für sich eingespannt hatte, sofort zur Entfaltung käme. Diese Ungeduld war einst Ausdruck ihres Gespürs für neue Talente gewesen, gleichzeitig aber auch die Quelle manchen Ärgers mit Freunden und Mitarbeitern. Hätte sie kochen können (sie lernte es nie, obwohl sie sich mit gutem Essen auskannte), wäre sie der Typ Köchin gewesen, die die Backofentür immer zu früh aufmacht, um nachzusehen, ob der Apfelkuchen fertig ist. Ihre Neugier war immer eine Spur zu heftig. Über Francis Picabia, der 1922 französischer Mitarbeiter der *Little Review* war, machte sie die bissige Bemerkung: »Von ihm bekamen wir nie etwas außer einer Ausgabe über Picabia – die einzige Qualität, die er beigetragen hat, ist Eitelkeit.« Margaret hatte ein fast räumliches Gespür bei der Suche nach Talenten. Lange bevor Picabia sie mit genügend Material versorgte, um eine ganze Nummer zu füllen, hatte sie sich bemüht, Arbeiten von Louis Aragon, André Breton, Philippe Soupault und Paul Morand abzudrucken, ebenso die besten der jüngeren Franzosen – René Crevel, Paul Éluard, Tristan Tzara (ein Rumäne, der sich zum Pariser gemacht hatte) und Pierre Reverdy. Margaret und Jane trafen natürlich auch Joyce, der ihnen erklärte, wegen der ständigen Unterbrechungen sei er nicht mehr in der Lage, eine flüssige Unterhaltung zu führen, und er fügte hinzu: »In meinen Büchern nehme ich dafür Rache.«

Zwei Jahre zuvor hatte die *Little Review* eine Nummer über Brancusi herausgebracht, und die Verlegerinnen dinierten mit ihm in seinem Atelier in der Rue de Vaugirard. Margaret bog ihre Zigarette in ihrer Zigarettenspitze gerade, bevor sie sie anzündete.

»Können Sie sie nicht rauchen, wenn sie krumm ist?« fragte Brancusi.

»Es macht weniger Spaß«, antwortete Margaret.

»C'est une idée comme une autre«, erwiderte ihr Gastgeber.

Sie trafen Eric Satie, und Margaret bat ihn, einen Artikel über Les Six für die *Little Review* zu schreiben.

»Wie lang?« fragte Satie.

»So lang Sie wollen«, antwortete sie.

»Ah non«, sagte Satie. »Ce sont les limites que j'adore.«

Sie besuchten zwei Schriftsteller, die sich fest in Paris niedergelassen hatten – Ernest Hemingway und Gertrude Stein. *The Little Review* hatte zwei Kurzgeschichten des damals noch unbekannten Hemingway abgedruckt, und jetzt las er ihnen eine Geschichte mit dem Titel »Mr. und Mrs. Eliot« vor, die sie ebenfalls veröffentlichen wollten. Margarets Bewunderung für Gertrude Stein beschränkte sich hauptsächlich auf Gertrudes herzliches Wesen und den Klang ihres aus tiefstem Inneren kommenden Lachens. Doch in »My Thirty Years« äußerte sie sich kritisch über Miss Steins literarisches Werk: »Für mich hat Gertrude Steins Stil zwei Aspekte: 1. Ihre Art, die Dinge auszudrücken, ist die perfekte Umsetzung ihres Anliegens; 2. Sie hat eine Art, die Dinge zu wiederholen, die von ihrem jeweiligen Anliegen ablenkt.« Gertrudes Gebrauch der Wiederholung zur Hervorhebung einer bestimmten Aussage war eine Technik, die Margaret zwar verstand, aber nicht billigte, weil sie sie gewöhnlich als langweilig empfand. Wie sich herausstellte, mochten Gertrude (und ihr alter ego Alice Toklas) Jane Heap, kümmerten sich aber wenig um Margaret. Eine der Eigenschaften, die Margaret für andere geistreiche Frauen unerträglich machte, war der Glaube an ihre eigene Unfehlbarkeit. Wahrscheinlich war es ganz unvermeidlich, daß Gertrude und Margaret nicht miteinander auskamen, da beide ausgesprochen selbstgefällige Menschen waren. Sie trafen sich recht häufig im Landhaus eines Freundes in Orgeval bei Paris, in das sie von einem gemeinsamen Freund zu sonntäglichen Mittagessen eingeladen wurden. Bei diesen Treffen war Gertrude im Vorteil. Sie sprach nur, wenn sie etwas von besonderem Interesse zu sagen hatte – und zwar von Interesse für sich und damit auch für ihre Zuhörer –, außerdem war sie eine intelligente und ausgezeichnete Unterhalterin. Ihre Meinungen waren von Natur aus so gefestigt, daß Margaret nur auf zwei Arten reagieren konnte: mit heftiger Zustimmung oder heftiger Ablehnung, Äußerungen, die jeweils von dem für sie typischen spöttischen Lachen begleitet wurden. Sie wollte niemanden verhöhnen, da sie von Natur aus liebenswert war, aber ihre Neigung zum Widerspruch zerriß sie innerlich. Die Mittagessen in Orgeval entwickelten sich nach der zweiten Tasse Kaffee, die gleichzeitig das Ende der Einladung bedeutete, zu kleinen Wortgefechten. An ihnen hatte Margaret ihre besondere Freude, und wenn sie beim Abschied sagen konnte, sie habe sich niemals besser unterhalten, dann war das ihre Anerkennung dafür, daß sie mit praktisch jedem Gast am Tisch in Duelle verwickelt gewesen war und bei den meisten gewonnen hatte.

Zufälligerweise nahm auch ich an den Essen in Orgeval teil. Damals kannte ich Margaret erst seit relativ kurzer Zeit, da ich erst nach ihrer Ankunft in Paris Bekanntschaft mit ihr gemacht hatte. Ihre hingebungsvolle Freundschaft zu Georgette LeBlanc war zu diesem Zeitpunkt noch ziemlich frisch. In Margarets Schilderungen nahmen sich Georgettes ätherisches Wesen, ihre psychischen und geistigen Vollkommenheiten geradezu überirdisch aus; und sie hatte tatsächlich etwas Engelhaftes an sich. Doch diese Qualitäten hätte man weniger pathetisch als erlesene französische Manieren beschreiben können, da sich Georgette ihrer Umgebung gegenüber immer außerordentlich rücksichtsvoll und höflich benahm. Der zweite Band von Margarets Memoiren, »The Fiery Fountains«, der 1951 herauskam, ist fast ausschließlich ihrem Leben mit Georgette gewidmet. Kurz bevor die beiden New York verließen, hatte ein reicher Freund Georgette eine Geldsumme versprochen, mit der sie ein Schloß in Frankreich kaufen sollte. Unerwarteterweise wurde das Versprechen plötzlich wieder zurückgenommen, und Margaret befand sich erneut in der üblichen mittellosen Lage. Georgettes Schwester besaß in der Normandie ein Schloß aus dem 11. Jahrhundert – das Château de Tancarville –, und auf Margarets Drängen wohnten die beiden bei der Schwester und ihrem Mann. Während der folgenden zwanzig Jahre waren sie mit Unterbrechungen ständige Gäste auf dem Schloß.

In einem Schloß zu leben, bedeutete für Margaret die Erfüllung ihrer langgehegten romantischen Träume. Sie war ein seltsam kompliziertes und verstiegenes Wesen. Mit ihrer *Little Review* hatte sie ihren Lesern die neue, bedrängende, eruptive und zugleich ernüchternde Kunst des 20. Jahrhunderts nahegebracht, aber ihr innerstes Wesen blieb weiterhin von altmodischen, hochtrabenden Euphorien bestimmt, die sie wie eine zwar harmlose, aber unheilbare Krankheit in sich trug. Ihrer eigenen Aussage nach verbrachte sie ihr Leben auf einer Wolke und war die glücklichste Person, die sie kannte. Bedauerlich, daß niemand Margarets Charakter analysierte, bevor er von ihrer Exzentrik und der Verehrung ihrer Anhänger verdeckt wurde. »Damals hatten wir weniger Geld als irgend jemand sonst in der Welt (einschließlich derer, die überhaupt keines haben)«, verkündigte sie voller Stolz in »The Fiery Fountains«, »aber wir verbrachten zwanzig Jahre in den fünf himmlischsten Schlössern Frankreichs.« Das Château de Tancarville war das erste. Dazu ein paar historische Fakten: Es handelt sich um einen besonders bezaubernden, mit Türmen versehenen Bau aus weißem Stein, der über der Seine, außerhalb von Saint-Romains de Colbus gelegen ist. Die Legende besagt, daß er einst Richard Löwenherz beherbergte, und Elizabeth I. von England in einem der viereckigen Türme einen Sommer verbracht habe. Die Fenster der Räume sind sechs Meter hoch, und zu Margarets Zeit hatte jedes Schlafzimmer ein Bett mit Baldachin und ein anschließendes Ankleidezimmer. Das Schloß war so riesig, daß viele Räume gar nicht benutzt wurden. Die Großzügigkeit der Räumlichkeiten stand in direktem Gegensatz zum mangelnden Großmut von Georgettes Schwester und deren Ehemann. Sie waren sehr reich, lebten ihnen aber jahrelang den schlimmsten Geiz vor. (Unter den vielen Sparmaßnahmen der Familie war ihre Sparsamkeit im sexuellen Bereich vielleicht die erstaunlichste. Ein Zweig der Familie besaß zwei Söhne und drei Schlösser; der Vater engagierte eine Mätresse für alle drei und war gleichzeitig selbst Nutznießer dieses Handels.) Gewöhnlich blieben die Räume in Tancarville im Halbdunkel, um die Stromrechnung niedrig zu halten. Um Elektrizität zu sparen, saßen die Besitzer nach dem Diner in völliger Finsternis im Salon. Einmal, als Margaret für einen ihrer Gäste um einen Brandy bat und dem Diener scherzhaft fünf Francs als Bezahlung gab, kehrte dieser mit dem Getränk, aber ohne das Geld zurück. Er teilte ihr mit, der Hausherr habe das Geld einbehalten und exakt eine fünf Francs entsprechende Menge abgemessen. Für jedes Bad, das sie nahmen, verlangte Georgettes Schwester den regulären Hotelpreis und überprüfte ihren

Boiler, um sicherzugehen, daß sie nicht schwindelten. Margaret, die an amerikanische Großzügkeit gewöhnt war, die ihr und der *Little Review* jahrelang das Überleben gesichert hatten, war entsetzt, als sie die Brutalität französischen Geizes kennenlernte.

Wann immer Georgette und Margaret es sich leisten konnten, nahmen sie Reißaus und fanden fern von den knausrigen Verwandten Unterkunft in kleinen billigen Hotels. Margaret beschämte Georgettes Schwager einmal so, daß der sich 1500 Francs abnehmen ließ – wobei er ihr das Geld unter ständigem Fluchen hundertfrancweise herausrückte. Davon mieteten sie sich ein Appartment am linken Seineufer und verbrachten dort acht angenehme Monate, während derer Margaret gewöhnlich nur bei einbrechender Dämmerung ausging, weil ihr Kostüm zu abgetragen war, um sich damit bei Tageslicht zu zeigen. Ein anderes Mal mieteten sie einen Leuchtturm, aber als der Winter kam, wurde es darin zu kalt, und sie gingen in das Schloß der Verwandten zurück. 1930 schrieb Margaret, die verzweifelt versuchte, etwas eigenes Geld aufzutreiben, »My Thirty Years«, und Georgette, getrieben von dem gleichen Eifer, »Souvenirs«, Erinnerungen an ihr Leben mit Maeterlinck. Margarets Buch war ein Erfolg, Georgettes Memoiren weniger, aber mit den gemeinsamen Einkünften konnten sie eine Zeitlang relativ luxuriös leben, Margaret vermochte es sogar, sich einen kleinen Wagen zu leisten. Schließlich machte sie sich an den dritten Band ihrer Autobiographie »My Thirty Years War«, der heute der lesenswerteste und interessanteste ist; er berichtet die Einzelheiten über die Gründung ihrer aufrührerischen Zeitschrift, die eingefahrene literarische Gewohnheiten erschütterte, Neugier hervorrief und für ihre Anhänger eine Art Kultblatt wurde. Sie war keine gute Schriftstellerin, aber sie vermochte die Dinge, die ihr Leben lebendig und unvergeßlich machten, anregend darzustellen. Sie neigte allerdings zur Weitschweifigkeit und einem gewissen Eigenlob, wenn sie sich an ihre bahnbrechenden Jahre erinnerte. Im zweiten Band, »The Fiery Fountains«, zeigte sie unerwartet verblüffende Qualitäten in der Darstellung von Gefühlen. Sie beschreibt die verschiedenen Arten der Liebe, deren Vielfalt, die romantische Liebe, die Vorzüge der Freundschaft, und liefert eine äußerst interessante und seltene Analyse dieser verschiedenen Gefühlszustände. In einem Kapitel »The Art of Love« bemerkt sie mit aphoristischer Treffsicherheit: »In der wirklichen Liebe will man das Gute des Anderen. In der romantischen Liebe will man die andere Person.« Während der langen Jahre ihrer Liebe zu Georgette gingen die verschiedenen Kategorien der Liebe fließend ineinander über, und diese Klimata des Herzens waren so wenig greifbar wie Nebel, Regen oder Sonnenschein. Georgette war die wichtigste und einflußreichste ihrer emotionalen Beziehungen. Die Konzerte, die Georgette nach ihrer Rückkehr in Paris gab, brachten ihr große Anerkennung ein. Ihre Lyrikrezitationen rührten ihre Zuhörer buchstäblich zu Tränen – Tränen der Freude, der Zärtlichkeit. Geschickt wie eine Schauspielerin spielte sie mit den Emotionen ihres Publikums. Ihre Kunst bestand in dem Zauber, ihre Zuhörer in Bann zu schlagen, ein Zauber, den Margaret in ihrer leidenschaftlichen Prosa an ihr eigenes Publikum weitergab.

Ein Teil der »Fiery Fountains« handelt von Georges Gurdjieff, dem russisch-griechischen Mystiker, der ihr geistiges Leben außerordentlich beeinflußte. Anfang der zwanziger Jahre hatten sie in New York von ihm gehört, als sein Schüler und Verleger A. R. Orage, der frühere Herausgeber der englischen Philosophiezeitschrift »The New Age«, nach Amerika kam, um Gurdjieffs Lehren zu verbreiten. 1924, als sie erst kurze Zeit in Paris waren, hörten sie, Gurdjieff nehme in sein »Institut zur Harmonischen Entwicklung des Menschen«, das er in einem Schloß in Fontainebleau-Avon außerhalb des Dorfes Moret eingerichtet hatte, eine Gruppe von Schülern auf. Dieses Schloß, das er in Château du Prieuré umbenannte (eines von

Margarets »himmlischen« Schlössern), wurde einst von Madame de Maintenon bewohnt, und Margaret und Georgette lebten dort mit Unterbrechungen sieben Jahre lang. Gurdjieff war damals in internationalen Kreisen eine vieldiskutierte Persönlichkeit. Leute aus der ganzen Welt – hauptsächlich wohlhabende Frauen – wohnten in dem Institut, um sich mit seiner Kosmologie vertraut zu machen, die seine Anhänger (darunter Katherine Mansfield, die ihre letzten Jahre dort verbrachte und dort starb) als eine Form der Lebensführung praktizierten. Gurdjieff behauptete, es gebe eine höchste Stufe des Wissens und eine höchste Form der Wissenschaft – Phänomene, die Margarets Neugier aufs äußerste erweckten. Das Leben im Prieuré bestand hauptsächlich aus Diskussionen, allein das hätte genügt, Margaret zur begeisterten Anhängerin werden zu lassen. (»Was kann Gurdjieff geben, das die Bibel nicht geben kann? Ich würde sagen: Alles. Die Bibel gibt es uns nicht, sie zeigt es nur…«) In den anrührenden letzten Seiten von »The Fiery Fountains«, in denen Margaret beschreibt, wie sie am Abend des Kriegsausbruchs 1939 plötzlich entdeckt, daß Georgette Krebs hat und sie anschließend Georgettes schmerzhafte Krankheit und 1941 ihren Tod miterlebt, tauchen geisterhaft immer wieder Gurdjieffs Lehren auf. Kurz vor ihrem Ende, erzählt Margaret, sei Georgette von dem Gedanken besessen gewesen, der Meister käme zu ihr, um sich zu verabschieden, und sie fragte immer wieder, ob er schon da sei. Schließlich wurde von Gurdjieffs Schülern eine Karte abgegeben mit der Nachricht, der Meister habe gesagt, sie besitze »beaucoups de courage«, worauf Georgette die geheimnisvollen Worte sprach: »Alors … nous allons mourir sans mourir?« (Dann werden wir also sterben, ohne zu sterben.)

Da befürchtet wurde, Deutschland werde nach der Kriegserklärung Paris bombardieren, waren Margaret und Georgette in das kleine Dorf Le Cannet bei Cannes umgezogen, wo sie während der ersten Okkupationstage blieben. Die Vereinigten

Staaten drängten ihre Landsleute, zurückzukehren, aber Georgette als Französin wollte nicht fort, und Margaret weigerte sich, sie zurückzulassen. Nach Georgettes Tod in Le Cannet ließ sich Margaret schließlich dazu bewegen, nach New York zu fahren. Ihre enge Freundin Solita Solano, die bereits dort war, erzählte Hemingway von Margarets finanzieller Notlage, und er schickte vierhundert Dollar für die Überfahrt.

Der dritte und letzte Band mit dem Titel »The Strange Necessity« – ein Titel, den sie zugegebenermaßen von Rebecca West entlehnt hatte – widmet sich hauptsächlich dem Rückblick und »Grübeleien«, wie sie es nennt. Der Text wirkt improvisiert, als würde sie laut denken. Obwohl sie zugibt, sich nicht mehr an Tatsachen, sondern nur noch an Gefühle zu erinnern, finden sich dennoch hier und da Ergänzungen zu ihrer Lebensgeschichte. Ihr Leben war von starken Beziehungen bestimmt gewesen, zu der eine neue hinzukommen sollte. Im Juni 1942, acht Monate nach Georgettes Tod, fuhr Margaret auf der »Drottingholm« von Lissabon nach New York. Gleich zu Beginn der Reise stellte sich ihr Dorothy Caruso, die Witwe von Enrico Caruso, mit folgenden Worten vor: »Ich höre, Sie waren die Herausgeberin des *Little Review.*« Als das Schiff in New York anlegte, waren die beiden Freundinnen geworden – »die letzte Freundschaft meines Lebens«. Margaret schrieb wieder, und sie wohnten bis zu Dorothy Carusos Tod 1955 zusammen. Im folgenden Jahr kehrte Margaret nach Frankreich zurück, nach Le Cannet, wo sie siebzehn Jahre lang, bis zu ihrem Tod, zurückgezogen lebte. Diese letzten Jahre verbrachte sie hauptsächlich damit, ihre geliebten Chopin-Platten zu hören und ihre Lieblingsmusik zu spielen. Sie schrieb auch weiterhin engagierte Feuilletons – flüchtige Gedanken, auf Papierfetzen notiert –, von denen einige in der Halbjahreszeitschrift *Prose* veröffentlicht wurden. In einer der letzten Nummern, die erst nach ihrem Tod erschien, schrieb sie: »Ich bin krank, habe ein kaputtes Herz, kranke Lungen und sieben andere beängstigende Symptome, die ich ignoriere. Drei Monate lang litt ich an Gürtelrose und habe gerade erfahren, daß Henry James mit siebzig Jahren vier Monate daran litt.« In bekannter Hochstimmung fuhr sie fort: »Ich bin dreiundachtzig (84?) Jahre alt und der glücklichste Mensch, den ich kenne«, und endete in der für sie so typischen Art: »Ich bin keine dreiundachtzig ... wie ich gerade aus verläßlicher Quelle erfahren habe, sondern sechsundachtzig.«

»The Strange Necessity« beendete sie mit der Zusammenfassung: »Ich frage mich, warum ich meine Lebensgeschichte schreiben wollte. Ich kenne sie aus erster Hand, aber so unvollständig, daß ich in ihr keinen Sinn zu erkennen vermag. Mein Leben war Bemühen und Versagen, Entwicklung und Stillstand, es war stolz, egoistisch, bescheiden, aggressiv und anspruchslos; wach und unbewußt, hoffnungsvoll und, wie ich fürchte, verloren. Es war überreich an Dankbarkeit und Reue – ein Leben wie jedes andere, das mir aber so verschieden, so einzigartig und erfüllt erschien, daß es einmalig war. Die Segnungen, die ich mir wünschte, waren Liebe und Musik, Bücher, große Gedanken und Schönheit der Natur. Ich habe all das bekommen, und zwar in einem Maß, daß es meine Wünsche, sogar meine Vorstellungen bei weitem überschritt.«

(Juni 1974)

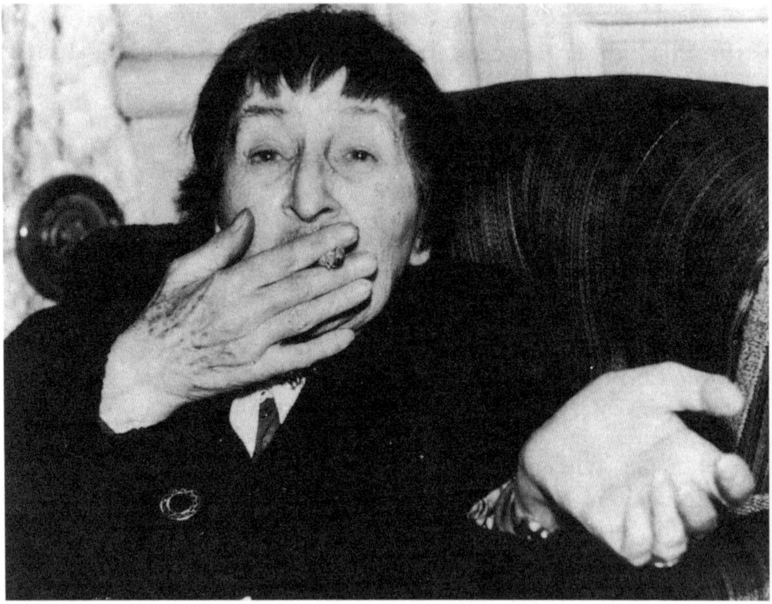

Alice B. Toklas
Erinnerung ist alles

Gertrude Stein, die zentrale Figur in Alice B. Toklas' Leben während der achtunddreißig Jahre, die die beiden Frauen in enger Freundschaft in Paris verbrachten, starb am 27. Juli 1946 und ließ Alice mit zwei Hauptbeschäftigungen zurück: Eine war unermeßlich groß, und bezog sich auf den christlichen Glauben eines Lebens nach dem Tode, demgemäß sie und Gertrude dereinst im Himmel auf ewig vereint sein würden. Die andere war rein weltlicher Natur und daher wesentlich aufreibender. Es galt Gertrudes literarische Unsterblichkeit durch die Veröffentlichung all ihrer ungedruckten Manuskripte zu sichern. Dieses Projekt erforderte beträchtliche Geldmittel, während die erste Aufgabe nur Glauben brauchte, den es umsonst gab.

Vier Tage nach Gertrudes Tod schrieb Alice aus der gemeinsamen Wohnung in der Rue Christine Nr. 5 an ihre Freunde Carl und Fania Van Vechten in New York: »Ich bin hier allein. Und sonst nichts – nur das, was war.« Zwei Tage später an Carl Van Vechten: »Sie hinterläßt das Picasso-Porträt dem Metropolitan, den Rest mir – später Allans Kindern – also werde ich hier bleiben.« Am 5. August teilt sie W. G. und Mildred Rogers, zwei anderen alten New Yorker Freunden mit: »Ich fuhr am Sonntag aufs Land und holte Basket (den weißen Pudel, der ihr und Gertrude gehört hatte), und er und ich werden hier bleiben.« Und dreizehn Tage später an Gertrudes Verleger Bennett Cerf: »Und jetzt sind Basket und ich allein in der Wohnung, wo wir sicher bleiben werden.«

»Staying on alone« – Alices Beschreibung der einundzwanzig Jahre ohne Gertrude – ist sowohl das anrührende Thema wie der Titel des Buches mit dem Untertitel »Briefe von Alice B. Toklas«. Es ist ein Buch voller Gefühle. Die breite Palette der Informationen, die aus privaten Briefen, Schreiben an potentielle Verleger von Gertrudes Werk, aus der Korrespondenz mit deren Biographen sowie aus Briefen an alte und neue Freunde auf beiden Seiten des Atlantiks stammen, vermitteln nicht nur Einblicke in die wesentlichen Themen von Gertrudes und Alices gemeinsamem Leben, sondern auch in die Themen, die in Alices weiterem Leben den Vorrang einnehmen sollten. »Ich wollte, wir hätten die Welt gemeinsam verlassen, wie ich es mir immer gewünscht hatte – eine Bombe, ein Schiffsunglück – irgend etwas, nur nicht das«, schrieb sie melancholisch ein Jahr nach Gertrudes Tod an eine enge New Yorker Freundin. Aber obwohl ihr alles genommen worden war, hatte sie dennoch eine neue Aufgabe. Gertrude hatte ihre Manuskripte und Unterlagen der Universität von Yale vermacht, ein Material, das Alice nun gehorsam sortierte, verpackte und verschiffte. »Wenn ich die Sachen nach Yale geschickt habe, einige Schreibarbeiten erledigt, die Wohnung geputzt habe und mit Stopfen und Flicken wieder nachgekommen bin«, schrieb sie an eine andere alte Freundin kurz nach Gertrudes Tod, »nun, dann wird Frühling sein, und Basket und ich werden Spaziergänge unternehmen und in ausgezeichneter Form sein.« Yale stellte aus Gertrudes Korrespondenz eine Ausstellung zusammen, und Alice schrieb an Donald Gallup, den Kurator der amerikanischen Literatursammlung der Universität: »Ich bin so entzückt von Ihrer Beschreibung der Ausstellung. Welche Vielfalt menschlicher Natur ist darin versammelt. Und daß Sie die Ablehnungen – die Zurückweisungen – mit aufgenommen haben – wie sehr hätte Gertrude das gefallen. Sie müssen wissen, diese Ablehnungen waren damals sehr schmerzlich, aber eines Tages übertraf Blanche Knopf sogar noch alle Knopfsche Knopfheit, und Gertrude vergaß unsere Hoffnungen und bitteren Enttäuschungen und brach in ihr lautes Lachen aus.« Zu einem anderen Erbstück, dem Picasso-Porträt von Gertrude aus dem Jahre 1905/06, das an das Metropolitan Museum ging, meinte Alice: »Vor zehn Tagen holten sie das Picasso-Porträt fürs Metropolitan ab. Es war noch einmal ein Abschied, der mich völlig niederschmetterte. Picasso kam vorbei, um sich davon zu verabschieden, und meinte traurig: »Weder Sie noch ich werden es je wiedersehen«. Es war alles, was von ihrer beider Jugend übrigblieb.

Ob tot oder lebendig, Gertrude hatte auf ihre Bewunderer, zu denen auch ich zählte, immer einen sehr disziplinierenden Einfluß. Bei den Stein/Toklas-Parties umringten die Herren Gertrude, während die Damen um den Teetisch gruppiert wurden, dem Alice vorsaß; auf diese Weise bekamen wir den neuesten Klatsch mit. Alice war eine sehr unterhaltsame Beobachterin der Ereignisse. Diese Beobachtungen gab sie weiter, als würde sie ein Obstkuchen-Rezept erklären. In welcher Ecke des Raumes sich Gertrude aufhielt, wußte man immer, weil ständig ihr typisches Lachen zu hören war. Merkwürdigerweise kann ich mich nicht erinnern, daß Alice je gelacht hätte, obwohl sie einen ausgeprägten Sinn für Humor besaß, der sehr geistvoll und daher leiser war. Ihre Konversation verlief nach einem ganz eigenen Muster – sie erzielte die vielfältigsten Wirkungen, indem sie das Gegenteil von dem behauptete, das ein anderer vielleicht gesagt hätte. Ihre Stimme war sanft, ihr kalifornischer Akzent angenehm, ihre Wortwahl präzise und rhythmisch; sie hatte ein ganz eigenständiges Gefühl für Tempi mit einer Vorliebe fürs Allegro. Von dieser Persönlichkeit, dieser häuslichen Intimität kommt in den Briefen viel zum Ausdruck. Alice hatte Carl Van Vechten den Spitznamen Woojums gegeben, als der er auch in ihrer Korrespondenz auftaucht. Der erste Brief des Bandes beginnt: »Dearest Farina and dearest Papa Woojums«, und ist unterschrieben mit »Mama

Woojums«. Ein andermal ist Farina Van Vechten »Madame W.« und gelegentlich »die Kaiserin«. Wenn gegenüber den Van Vechtens von Gertrude die Rede ist, dann in Form von »Baby Woojums« oder einfach nur »Baby«. Andere enge Freunde bekamen ihre eigenen Kosenamen: Mr. und Mrs. Rogers sind die »Kiddies« – Rogers war einer der ersten Infanteristen, die Alice und Gertrude während des Ersten Weltkriegs trafen, und um zu beweisen, daß sie sich mit amerikanischem Slang auskannten, nannten sie ihn »Kiddie«, was später zu »Dearest Kiddie« oder »Dearest Mrs. Kiddie« erweitert wurde, wenn Alice nur an Mrs. Rogers schrieb, um ihr für ein Geschenk zu danken oder ihr als Gegenleistung ein Rezept für »Massillon«, eine »alte französische Pastete«, übersandte. »Sie sollte mit weißem Rum glasiert und mit gehackten Pistazien bestreut werden, aber ich mache mir diese Mühe nicht.«

Gertrude näherte sich Menschen mit der Ungezwungenheit eines Bärenjungen, aber bei neuen Bekanntschaften achtete Alice auf Formalitäten, bis man sich lange genug kannte, um sich beim Vornamen zu nennen. So wandelte sich die Anrede gegenüber Mina Curtis, die ihr 1948 nach Gertrudes Tod als eine Freundin von Virgil Thomson und Carl Van Vechten vorgestellt wurde, von »Dear Mrs. Curtis« allmählich zu »Dear Mina dear«. Andererseits war es kein Problem, Gertrude beim Vornamen zu nennen, wenn von ihr die Rede war. »Oh, aber Sie müssen Gertrude sagen – es wäre sonst nicht freundlich«, schrieb Alice an Mrs.Curtis. »Wissen Sie, die ganz Jungen haben das vor fünfundzwanzig Jahren aufgebracht. Am Anfang war es ziemlich schockierend für mich, aber dann haben sie mich völlig überzeugt, und kurz darauf war es anerkannt, und es gab keine Schwierigkeiten mehr. Es war ansteckend, und die G.I.s sagten nicht einmal Gertrude, sondern Gertie – damals am Bahnhof – die Ersatzmannschaften der 7. Armee, die durch unser Dorf kamen. Hier in der Wohnung wurde sie sehr steif Miss Stein genannt. Später auf der Treppe? …«

Doch wie Gertrude konnte auch Alice gegenüber alten und neuen Freunden sehr zwiespältige Gefühle hegen. An eine neuere Freundin – die italienische Übersetzerin von »The Making of Americans«, die von »Miss Pivano« zu »Nanda dear« aufgestiegen war – schrieb sie 1950: »Paris war voller Amerikaner – zwei Millionen – mindestens – kamen, um mich zu besuchen – sie langweilen und erschöpfen mich – obwohl ich nur diejenigen sehe, die mit Gertrude befreundet waren, die sie hätte sehen wollen ... aber obwohl sie alle sehen wollte – haben einige sie gelangweilt. Habe ich Ihnen jemals erzählt, daß sie einmal sagte, sie würde in der *New York Herald Tribune* eine Anzeige aufgeben, Miss Stein wünscht keine Freunde zu treffen, die sich in den letzten fünfzehn Jahren nicht haben blicken lassen?« Alice hatte auch die Gabe, schwelende Konflikte am Köcheln zu halten. Einer dieser Konflikte bestand mit dem Museum of Modern Art, das Gertrude »haßte und verachtete«. Als das Metropolitan Museum eigenmächtig verfügte, das Picasso-Porträt von Gertrude zehn Jahre lang dem Museum of Modern Art zu überlassen, informierte Alice das Metropolitan kühl, Miss Stein habe ihr Porträt ganz bewußt an dieses Museum gegeben, und wenn es eine andere Möglichkeit gegeben hätte, »auf keinen Fall das Modern in Frage gekommen wäre ..., da Miss Stein dessen Vorgehen und Ziele zutiefst mißbilligte«. Alice kämpfte mit Hilfe von Rechtsanwälten und Freunden so hartnäckig, daß das Metropolitan schließlich gezwungen war, das Bild zurückzufordern. Obwohl sie ihren Kampf gewonnen hatte, setzte Alice ihre Sticheleien fort. Einem flüchtigen Bekannten schrieb sie einige Jahre später: »Bitte verlangen Sie von mir nicht, Ihre Frau zu tadeln, weil das Metropolitan das Porträt zehn Jahre an dieses schreckliche Museum of Modern Art gegeben hat – weil es früher als man zu hoffen wagte, an den Ort zurückgekehrt ist, an den es gehört ... Hat Ihre Frau möglicherweise mit dem Museum of Modern Art zu tun? Wenn das der Fall ist, errettet sie es vor der

Verdammnis.« Und einige Jahre später in einem anderen Brief – Alice konnte wirklich hart sein – berichtet sie, daß drei Mitarbeiter des Museum of Modern Art in ihre Wohnung gekommen seien, um sich die Bilder anzusehen. Zu den Picassos sagten sie, »sie hätten nie so gute Braques gesehen«. Und sie fährt fort: »Ich sagte dazu nichts – sie befanden sich im anderen Zimmer. Dann kamen sie herüber und wiederholten ihren Irrtum. Silence de ma part. Sie wandten sich tatsächlich an mich und deuteten auf das große Bild über dem Kamin. Das träfe zu, wenn es der Fall wäre – erlaubte ich mir zu antworten. Und ich traktierte sie mit Sherry – pâté brioche und meinen besten kleinen Kuchen – und ich erlaube mir – sans discrétion – diese kleine Geschichte jedem zu erzählen, der sie hören will.«

Früh schon hatte Gertrude und damit auch Alice Picassos Werk dem von Matisse vorgezogen, was letzterem verständlicherweise nicht gefiel. Als Gertrude in »The Autobiography of Alice B. Toklas« schrieb, die schöne Madame Matisse sei so schön wie ein Pferd – was als Kompliment gemeint war –, wurde dieser Vergleich mißverstanden. Die Pariser Zeitungen schlachteten den Fall weidlich aus, gossen damit Öl ins Feuer, und »der Verkehr mit Matisse wurde abgebrochen«. Doch bei Alice bedeutete aus den Augen nicht unbedingt auch aus dem Sinn. 1950, siebzehn Jahre nach dem *malentendu,* stichelte sie immer noch; in einem Brief an Donald Gallup schrieb sie, Matisse habe »zu der Mehrheit – der durchschnittlichen Mehrheit, wie Gertrude sie bezeichnete – der unglücklicherweise Fehlgeleiteten gehört.« Selbst wenn sie den Maler zur eigenen Unterstützung zitiert, kann sie den Spott nicht unterdrücken: »Es ist so wahr und banal wie die meisten von Matisses Gedanken.« Ernest Hemingway gegenüber, eine weitere Person, die sie ablehnte, war sie genauso unversöhnlich: »Haben Sie das Porträt von Hemingway im New Yorker gelesen???!!! Nichts, was er bislang gesagt hat – nicht einmal sein Roman, stellt das, was er sein Leben lang verborgen hat, mehr bloß. Es ist seltsam, daß er so große Freude daran hat, die Legende zu zerstören, die er mit so viel Geduld aufgebaut hat. Jemand hat einen Journalisten von der Associated Press zu mir geschickt, und ich habe mich mit ihm schrecklich über Picassos Malerei und Hemingways neues Buch gestritten (als könnte man die beiden in einem Atemzug nennen), und der A. P.-Mann sagte, Picassos Malerei sei nachlässig, und Hem schreibe nachlässig … Es machte mir Spaß, Hemingway zu verteidigen – es war die erste Gelegenheit, die mir dazu geboten wurde – zweifellos wird es eine einzigartige Erfahrung bleiben.« Und ein paar Tage später, nachdem ihr einige schlechte Kritiken über Hemingways neues Buch »Über den Fluß und in die Wälder« zugeschickt worden war: »Einige Leute scheinen anzunehmen, sie machten mir eine Freude damit. Weit gefehlt – die ganze Hemingway-Legende – die er vor unseren Augen aufgebaut und gepflegt hat, zu Bruch gehen zu sehen, ist die bemitleidenswerteste und peinlichste Sache, die man sich vorstellen kann. Der gegenwärtige Hemingway-Zusammenbruch – man muß das Vokabular seiner größten Opfer bemühen – beinhaltet zu viele altmodische biblische Strafen und Vergeltungen, um diejenigen zu trösten, die in der Gegenwart leben. Aber natürlich ist das genau das, was er nicht tut – er ist hoffnungslos 1890 – und Vernichtenderes kann man nicht sagen. Er geriert sich im New Look – aber er steht in der Tradition von Kipling.«

Neben der boshaften Alice gibt es auch die Alice als hingebungsvolle Hausfrau. »Amateurhafte Kunst ist nicht befriedigend – oder?« fragt sie einen Briefpartner. »Wenn ich für Gertrude einen Kuchen gebacken habe, fragte ich nie, ob er gut war; ich fragte immer, ob er wie einer vom Bäcker aussehe – er hätte besser schmecken sollen, weil die Zutaten von besserer Qualität waren als die des Bäckers, aber sie waren nicht professionell vermengt und gebacken, daher sah er aus wie vom Bäkker. Tatsächlich hat Gertrude das oft angenommen. Schließlich sagte jemand zu einem meiner Kuchen, er sehe aus wie aus einer Frauenzeitschrift, und Gertrude fand, das sollte mich zufriedenstellen.« Sie wetterte gegen die Unsitte, keine kleinen Münzen mehr herauszugeben, die im Paris der Nachkriegszeit aufgekommen war und die für die Franzosen so untypisch war: »Nachdem ich 1915 Sparsamkeit gelernt habe, bin ich jetzt völlig platt – wie kann man *sous* sparen, wenn man sie nicht herausbekommt – es ist sehr verwirrend, wenn nicht gar unmoralisch.«

Da *la bien-aimée* ihren Gedanken nie fern war, enthüllt Alice unvermeidlich Gertrudes persönliche Neigungen und Exzentrik. So konnte Gertrude es beispielsweise nicht ertragen, wenn ihr vorgelesen wurde – eine Angewohnheit, für die französische Autoren eine ausgesprochene Vorliebe hegen. »Ich lese mit meinen Augen, nicht mit den Ohren«, sagte sie zu Picasso. »Die Ohren sind in meinem Inneren.« Worauf Picasso, der genauso schelmisch war wie Gertrude, erwiderte: »Natürlich, Schriftsteller schreiben mit den Augen, und Maler malen mit den Ohren. Außerdem wurden weder Maler noch Schriftsteller jemals mit offenem Mund gemalt.« Und wir erfahren: »Gertrude hätte die gegenwärtige Verherrlichung von Melville nicht gefallen – nicht einmal die von ›Moby Dick‹ – sie fand, er werde furchtbar überschätzt. Er gehörte nicht zu den Schriftstellern, die ihr als Beispiel für unsere Fähigkeit zur Abstraktion dienten.« Genausowenig gefiel Gertrude Joyces »Ulysses«: »Sie sagte einmal, es sei eigentlich mehr, als sie an irischen Märchen ertragen könne – und irische Märchen seien sogar noch unerträglicher als deutsche.« Gertrude hatte jedoch eine »unfehlbare Wertschätzung« für das Werk von Scott Fitzgerald. Ulysses S. Grant hielt sie für den herausragendsten Amerikaner – »er kommt nicht nach Lincoln, sondern davor«. Picasso betrachtete sie als jüngeren Bruder. »Sie verstanden sich, obwohl sie sich im Zorn schreckliche Dinge sagten«, schreibt Alice. In diesem Zusammenhang überrascht es nicht, daß Gertrude der Meinung war, gerade mangelnde Nähe erzeuge Haß.

Gertrude hatte in ihrem letzten Willen verfügt, die Testamentsvollstrecker sollten an Carl Van Vechten diejenige Geldsumme auszahlen, »die er seiner Meinung nach für nötig erachtet, um meine unveröffentlichten Manuskripte herauszubringen.« Alles übrige, »gleichgültig welcher Art und an welchem Ort befindlich« wurde der Freundin Alice B. Toklas überlassen »... zu ihrem lebenslänglichen Gebrauch und soweit es für ihren Lebensunterhalt nötig sein sollte.« Die Testamentsvollstrecker wurden ermächtigt, jedes Gemälde der Stein-Sammlung zu verkaufen, die zum Zeitpunkt der Niederlegung des Testaments im Juli 1946 aus achtundzwanzig Picassos und einer Mappe mit dessen Zeichnungen bestand, sowie sieben Bildern von Juan Gris. Die Erlaubnis zum Verkauf dieser Kunstwerke mußte bei einem vom Gericht in Baltimore bestellten Vermögensverwalter eingeholt werden. Nach Alices Tod sollte der Rest des Vermögens an Allan Stein, das einzige Kind von Gertrudes ältestem Bruder Michael übergehen und nach ihm an dessen drei Kinder. Gertrude hatte Alice gesagt, sie wolle alles – jedes einzelne Manuskript – veröffentlicht haben, und Alice machte sich sofort daran, diesen Wunsch auszuführen. Obwohl sie kleingewachsen war und ziemlich gebückt ging, besaß Alice die Kraft eines Riesen, wenn es um organisatorische Fragen ging. Während ihrer gemeinsamen Jahre mit Gertrude hatte sie bereits die Koordination des Tagesablaufs übernommen, damit Gertrude ungestört schreiben konnte, selbst wenn dies nachts geschah. Fünf Wochen nach Gertrudes Tod informierte Alice Carl Van Vechten, daß die Yale Press als erstes »Four in America« herausbringen würde, einen der »schwierigen« Stein-Texte (in dem es um die vier Personen George Washington, Ulysses C. Grant, Willow Wright und Henry James geht), für den Thornton Wilder ein langes Vorwort schreiben wollte. Das Buch erschien im Herbst 1947. »Ist ›Four in America‹ nicht perfekt?« schrieb Alice an »Dearest Kiddie«. »Verkörpert sich in Gertrude nicht das innerste Wesen der Vereinigten Staaten?

Wie sehr wünschte ich, sie hätte das Buch gesehen – es war immer der glücklichste Tag des Jahres (damals vor langer Zeit), wenn ein neues Buch mit der Post ankam und sie den ganzen Tag damit verbrachte, es zu lesen. Und wenn sie es gelesen hatte, sagte sie immer: »Oui, c'est cela.« Dank ihrer Sparsamkeit, ihrer Selbstaufgabe und ihrer drängenden Entschlossenheit druckte die Yale University Press acht Bände der unveröffentlichten Manuskripte. Um sich über einige schwierige Zeiten hinwegzuhelfen, schrieb Alice nebenbei ein unterhaltsames Kochbuch, das sich gut verkaufte, und »What Is Remembered«, einen weniger erfolgreichen Memoirenband, der allerdings meiner Einschätzung nach ihr kurzweiligstes Buch ist.

Das Gericht in Baltimore hatte den Anwalt Edgar Allen Poe – einen Großneffen des Schriftstellers – zum Verwalter von Gertrudes Vermögen bestellt. Gertrude hatte genaue Anweisungen hinterlassen, wie ihr Vermögen verteilt werden sollte, aber unerwarteterweise entpuppte sich Poe als kleinkrämerischer Quertreiber bei der Ausführung ihrer Wünsche, die er zu mißbilligen schien, obwohl sie ihn nichts angingen. Alice schmeichelte und drohte, Poe schickte tröpfchenweise Geld, und 1954 war Alice so verzweifelt, daß sie vierzig Picasso-Gemälde verkaufte, ohne Poe davon zu informieren – und, wie sich jetzt herausstellt, dank der schlechten Beratung von Daniel Henry Kahnweiler, Picassos Agent, zu einem Preis, der weit unter dem Marktwert lag. Die Verwicklungen, die daraufhin einsetzten, hätten einem viktorianischen Roman Ehre gemacht. In Alices geregeltem Leben mit Gertrude hatte es nie melodramatische oder heftige Ausbrüche gegeben. Aber nach Gertrudes Tod wurden die Probleme mit der Erbschaft und der Auslegung des Testaments der zurückgebliebenen Alice aufgebürdet. Allan Steins Frau (die in den Briefen immer verächtlich als »die Armenierin« bezeichnet wird, obwohl sie Rumänin war) hielt im Interesse ihrer Kinder ein wachsames Auge auf die Bilder. 1951 starb Allan Stein, und nach Alices Tod sollten die Kinder die Erbfolge antreten. 1961, als die zunehmend kränkelnde Alice sich in dem italienischen Badeort Acqui aufhielt, um ihre Arthritis auszukurieren, erwirkte Mrs. Stein ein Gerichtsurteil, das die Überstellung der Bilder aus der Wohnung in der Rue Christine in einen Pariser Banksafe verfügte, da deren Sicherheit während Miss Toklas Abwesenheit nicht gewährleistet sei. Als Alice aus Acqui zurückkehrte, waren die Wände leer. »Die Bilder sind für immer verschwunden«, schrieb sie aufgewühlt an eine Freundin. »Bei meinem schlechten Augenlicht könnte ich sie ohnehin nicht sehen. Glücklicherweise gelingt mir das aber dank meines guten Gedächtnisses ... Mach dir keine Sorgen um mich – ich bin vierundachtzig Jahre alt. Und alte Leute stürzen leicht – eine Tante beim Schlittschuhlaufen – ein Großonkel beim Sprung von der Straßenbahn«. (Alice hatte immer ein sehr lebhaftes Einbildungsvermögen.)

Bei der Durchsicht der Inventarliste hatte Robina Stein entdeckt, daß die Picasso-Zeichnungen fehlten. Sie beschuldigte Alice illegaler Maßnahmen, was zutraf, da sie vor deren Verkauf Poes Erlaubnis nicht eingeholt hatte. Alice wiederum behauptete mit gleichem Recht, sie habe nach Gertrudes letztem Willen gehandelt. Die Spannungen wurden noch verstärkt, da Poe mit den monatlichen Zahlungen an Alice drei Monate im Rückstand war. »Ich habe große Schwierigkeiten mit meinen Augen«, schrieb sie an Russell Porter, den Pariser Anwalt, den sie zu ihrem Schutz engagiert hatte – der ihr aber leider nur wenig helfen konnte. »Ich kann nur schreiben, wenn ich das Papier unter hellem Licht einige Zoll vor mir habe ... Poe muß mir dringend und sofort Geld schicken – weil ich keinen Pfennig mehr besitze – in ihrer Großzügigkeit mir gegenüber konnte Gertrude Stein nicht voraussehen, daß eine solche Situation eintreten könnte.« Ihre finanzielle Lage war so prekär, daß einige ihrer alten Freunde für ihren Lebensunterhalt Geld sammelten. Alice war gastfreundlich; sie lud uns immer in feine

Restaurants ein, wobei sie beim Begleichen der Rechnung dazu neigte, Trinkgelder in Höhe von umgerechnet zwanzig Dollar zu geben. Wir fanden auch heraus, daß sie ihr Dienstmädchen in den sündhaft teuren Laden von Fauchon schickte, um die wöchentlichen Lebensmittelkäufe zu tätigen. (Sie war der Ansicht, das Beste sei gerade gut genug, und manchmal war nicht einmal das zufriedenstellend. An einem Novembertag bemühte ich mich, einen frischen Pfirsich für sie aufzutreiben, und hoffte vergeblich, sie würde die fleckigen Stellen nicht bemerken.) Um sie – und uns – vor solch kultivierter Verschwendung zu schützen, waren wir schließlich gezwungen, ihr das Geld wöchentlich auszuzahlen.

Die letzte Katastrophe stand allerdings noch bevor. Das Gebäude Nr. 5 in der Rue Christine wurde verkauft, und jeder Mieter hatte die Gelegenheit, seine Wohnung zu kaufen. Alice machte davon keinen Gebrauch, da sie optimistischerweise annahm, aufgrund ihres hohen Alters würde man ihr nicht kündigen. Während sie sich wie jedes Jahr zur Kur in Italien aufhielt, verklagte sie der neue Eigentümer auf Eigenbedarf und gewann den Prozess. Obwohl sich mächtige Freunde ins Zeug legten – sogar André Malraux, der Kultusminister, denn Gertrudes Namen machte immer noch Eindruck, und Alice galt offiziell als ihre Erbin – war das französische Gesetz unerbittlich. Die Musikerin Doda Conrad und ich brachten sie nach der vergeblichen Suche nach einer Altbauwohnung am linken Seineufer schließlich in einem modernen und wenig malerischen Appartement in der Rue de la Convention Nr. 16 unter – einer langen Geschäftsstraße, mehrere Meilen entfernt von der Wohnung in der Rue Christine, die so gänzlich mit Erinnerungen an Gertrude erfüllt gewesen war. Alice war siebenundachtzig, als sie umziehen mußte – bettlägerig, praktisch taub und so gut wie blind. Vom Bett in ihrer neuen Wohnung aus konnte sie nur die Kirche sehen, in der sie drei Jahre später beerdigt werden sollte. Als kleines Mädchen in San Francisco wurde sie ganz nebenbei von einer katholischen Freundin ihrer unorthodoxen jüdischen Eltern zum Katholizismus bekehrt. Wie Alice mir erzählte, hatte die Freundin sie mit Weihwasser besprengt, was sie in kindlichem Glauben für eine gültige Taufe hielt. 1957, nachdem sie von einem sehr liebenswürdigen englischen Priester unterwiesen und mit Gebetbuch und Rosenkranz ausgestattet worden war (den sie seitdem um ihr linkes Handgelenk geschlungen trug), wurde sie offiziell in die Kirche aufgenommen und empfing die Heilige Kommunion. Nun war sie bereit, Gertrude im »bewohnten Himmel« zu treffen.

Der letzte Brief aus »Staying on Alone« wurde vierzehn Monate vor ihrem Tod an das junge New Yorker Paar Harold und Virginia Knapik geschrieben, die Alice seit langem verehrten. Darin heißt es: »Ich weiß nicht, was aus mir werden wird... Der Anwalt der Armenierin versucht, eine Einigung herbeizuführen, ohne eines der Bilder zu verkaufen. Aber wie er das anstellen will, ist mir schleierhaft. Kommt bald zurück. Ich lebe nicht ewig.« Am 7. März 1967, kurz vor ihrem neunzigsten Geburtstag, starb sie und wurde in dem Grab beigesetzt, das sie für Gertrude und sich auf dem Père Lachaise gekauft hatte. »Tot ist tot, eben deswegen ist die Erinnerung alles, und darin liegt die Unsterblichkeit«, hatte Gertrude Jahre zuvor in »The Making of Americans« geschrieben. Es ist ein Zitat, das nicht oft gebraucht wird, und gewiß hätte Alice es nicht als Motto für ihre Liebe gewählt.

Mit Alices Tod wurde Gertrudes wertvolle Bildersammlung, für die Alice so unnachgiebig gekämpft hatte, um sie vollständig zu erhalten, das Eigentum von Allan Steins Kindern, die sie bedenkenlos in alle Winde verstreuten. Ein Hauptanteil wurde zu sechseinhalb Millionen Dollar von vier Treuhändern und einem Mäzen des Museum of Modern Art erworben, derjenigen Institution, die Gertrude und Alice so gehaßt hatten, und bildeten 1967 die Kernstücke einer aufsehenerregenden Ausstellung – »Four Americans in Paris: The Collections of Gertrude Stein and Her Family.« Die Vernissage für einen auserwählten Kreis, die während eines starken Gewitters und strömenden Regens stattfand, war, wie erwartet, ein elegantes Gesellschaftsereignis, bei dem die rausgeputzten Damen und Herren eine lange Reihe von Honoratioren, darunter auch die neuen Besitzer von Gertrudes Bildern, abzuschreiten hatten. Die vornehme Atmosphäre konnte natürlich niemals ein Ersatz sein für das Ambiente des Ateliers in der Rue de Fleuris, wo die von Gertrude entdeckten und zu moderaten Preisen erworbenen Bilder ursprünglich hingen – dort hatte Gertrudes leidenschaftliche Liebe zur Kunst zu ihrer Wirkung beigetragen, während sie heute nicht zuletzt wegen ihres sagenhaften Wertes Wirkung erzielen. In der neuen, sterilen Atmosphäre des Museums schien das Wesentliche, die Liebe eines Menschen, zu fehlen.

(Dezember 1975)

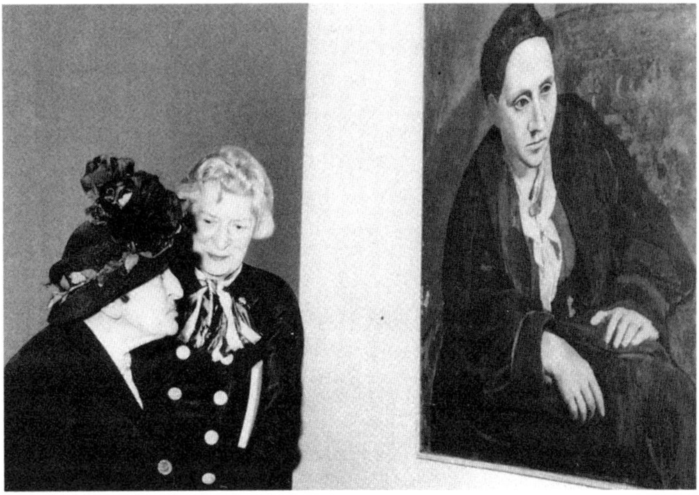

Alice Toklas und Janet Flanner vor Picassos Gertrude-Stein-Portrait

Nachwort

Stets fühlte sie sich zu jenen hingezogen, die »schräg lagen«, die jenseits der verschlissenen Konventionen und heuchlerischer Moral sich das Recht auf ihre eigene Existenz nahmen.

Geflohen aus der langweiligen Wohlanständigkeit und dem Puritanismus ihrer Heimatstadt Indianapolis fand die amerikanische Autorin und Journalistin Janet Flanner mit ihrer Lebensgefährtin Solita Solano im Herbst 1922 in Paris eine zweite, eine endgültige Heimat.

Neben den extrem niedrigen Lebenshaltungskosten im krisengeschüttelten Frankreich der Nachkriegsjahre lockte die Konzentration von Geist, Witz und Kultur und die Versprechungen freieren Lebens Tausende von Amerikanern über den Atlantik. Bis zu 50000 nahmen, Schätzungen zufolge, in den zwanziger Jahren ihren Wohnsitz in der Seine-Metropole.

Alte und Neue Welt schienen hier auf wunderbar schwerelose Weise zu verschmelzen. Eine begierige Aufgeschlossenheit für alles Neue, Unbekannte, für alles Extreme, noch nicht Dagewesene kennzeichnete die kulturelle Atmosphäre dieser Stadt. Für valutaschwere U.S.-Amerikaner schmolz ganz Europa zum Hinterland von Paris zusammen, der Hauptstadt der westlichen Welt.

Von hier kabelte Janet bald ihre expressionistisch gefärbten Reportagen und Portraits an die amerikanische Ostküste. Die unter dem Pseudonym »Genêt« veröffentlichten Artikel von Janet Flanner wurden schnell zum journalistischen Markenzeichen der Intellektuellenzeitschrift *New Yorker.* Fast fünf Jahrzehnte lang, nur unterbrochen durch die Jahre der deutschen Besatzung, brachte sie von hier aus ihren amerikanischen Lesern die »Unbegreiflichkeiten« französisch-europäischer Kultur und Politik nahe und ließ sie Anteil nehmen am Leben ihrer Landsleute in Paris. Zunächst, ganz ihrer Begeisterung für europäische Kultur und die Avantgardebewegungen verpflichtet, schrieb Janet Flanner kurzweilige Stimmungsbilder aus dem Paris der »Lost Generation«. Nicht ganz frei von Klatsch, aber immer mit Blick fürs Wesentliche, dabei maliziös und detailbesessen, berichtete sie über das kulturelle Geschehen am linken Seine-Ufer, über Lesungen, Diskussionen und philosophische Debatten der Avantgarde, über die neuesten Revuen, wie über die Stimmung in den Straßen und Cafés, schrieb über Picasso, Malraux, Cocteau, Ehrenburg und Gide. Und immer wieder schrieb sie über die an Paris verlorenen amerikanischen Söhne und Töchter, über Hemingway, Gertrude Stein, Sherwood Anderson, Djuna Barnes und viele andere.

Janets erster Roman, »Cubical City«, war ein Mißerfolg, aber als höchst originelle Korrespondentin des *New Yorkers* und etwas später weiterer amerikanischer Zeitschriften, erwarb sie sich schnell einen Namen. In den Kontroversen und Debatten der transatlantischen Kolonie galt sie als unabhängige Kombattantin, deren Witz und Sarkasmus berühmt waren.

So sind nicht wenige der hier versammelten Portraits, wie beispielsweise ihr Nachruf auf die Verlegerin Margaret Anderson mehr als nur sublime Rekonstruktionen eines radikalanderen Frauenlebens, sondern auch Ausdruck ihrer sehr persönlichen Verbundenheit und eine Reflexion über die Möglichkeitsform anderen Lebens. Dieser Text sei hier beispielhaft hervorgehoben, weil der Lebensweg der sechs Jahre älteren Anderson aus Indianapolis, ihrer beider Heimatstadt, bemerkenswert viele Parallelen zu Janet Flanners eigenen aufweist. Beide verließen die Provinz des Mittleren Westens mit künstlerischen Ambitionen und einem starken Drang nach einem freien, selbstbestimmten Leben in Richtung Chicago und später nach New York. Beide fanden schließlich in Frankreich eine neue Heimat.

Die Vorstellung, daß die Kunst nur die Gegenstände, nicht aber die Individuen betreffe, wiesen sie mit Leidenschaft zurück. Miss Anderson, die das Wunder vollbrachte, die von ihr gegründete Zeitschrift *Little Review*, praktisch ohne finanzielle Mittel, aus dem Stand heraus, zur führenden avantgardistischen Literaturzeitschrift der Vereinigten Staaten zu machen, praktizierte, wie Janet, Lebensgemeinschaften mit anderen Frauen, voller Leidenschaft und Gefühlsbindungen, die allen puritanischen Konventionen widersprachen.

Politisch lagen die schwärmerisch exaltierte Anderson und die eher skeptische Pragmatikerin Janet Flanner weniger auf einer Linie. Andersons glühende Verehrung für die amerikanische Anarchistin Emma Goldmann war in Janets Augen eher befremdlich, aber Margarets Ausspruch: »Ich bin keines Mannes Weib, keines Mannes Geliebte und ich will nie, niemals Mutter sein« stimmte Janet ohne Abstriche zu. Trotz aller Differenzen und unterschiedlicher Temperamente waren Janet Flanner, ihre Lebensgefährtin Solita Solano und Margaret Anderson freundschaftlich eng miteinander verbunden. Solita Solano beschrieb diese Liebe, Arbeit und Freundschaft umfassende Beziehung als »modern, female, fidelety«. Dennoch ist Flanners Portrait von Margaret Anderson fast leidenschaftslos zu nennen. Mit Distanz rekonstruiert sie die Vita einer legendären Verlegerin, wie ein fernes Gesamtkunstwerk weiblichen Gegenlebens.

Ganz unaufgeregt, fast selbstverständlich geraten die Frauen in Janet Flanners Portraits auf ihrer Suche nach weiblicher Subjektivität in existentielle Konflikte mit einer von männlichem Logozentrismus geprägten Welt. Aber keine der von ihr porträtierten Frauen ist in Flanners Augen gescheitert. Opfer interessieren sie wenig. Nicht so sehr den grundlegenden Strukturen der Rechtlosigkeit der Frau in Staat, Familie und Gesellschaft, sondern den Ausnahmefrauen, die über den künstlerischen Ausdruck ihr Leben mit eigener Kraft und Inspiration entwarfen, galt ihr Interesse.

Ihr Portrait der Pulitzer-Preisträgerin Edith Wharton spürt der fragilen Balance zwischen Freiheit und Konvention im Leben dieser Schriftstellerin nach, die in die gesellschaftliche Isolation und schließlich in die Flucht nach Europa getrieben wurde. Whartons detailgenauer, sozialhistorisch interessierter Blick auf ihre Romanfiguren hatte Janet Flanner als Schülerin verlockt, von einer eigenen Schriftstellerinnenkarriere zu träumen. Edith Wharton sezierte das Milieu einer Gesellschaftsschicht von neuenglischen Aufsteigern und Parvenues mit ihrer scheinheiligen, von Geldgier durchdrungenen Moral, ein Milieu, das Janet Flanner sehr vertraut war. Die zu Gefangenen ihrer eigenen Konventionen geworden Frauenfiguren in den Romanen der Wharton konnten aber, trotz allen Aufbegehrens gegen die Fragwürdigkeiten einer von männlicher Moral beherrschten Welt, noch keine eigenständige weibliche Subjektivität erlangen.

Die Freundin und Bewunderin von Henry James, eine der ersten promovierten Frauen in den Vereinigten Staaten, war eine wichtige Übergangsfigur zu den sehr viel vitaleren avantgardistischen Frauen in Janet Flanners Generation.

Essentieller für die Ablösung des spätviktorianischen rigiden Lebensgefühls wurde der Einfluß der in antikisierenden Gewändern um den Globus tanzenden Amerikanerin Isadora Duncan. Fast über Nacht sprengte sie mit ihrem ekstatischen Tanz nicht nur die starre Formsprache des klassischen Balletts mit einer expressionistischen Leidenschaftlichkeit ohnegleichen.

Die Tänzerin Isadora Duncan sah Janet Flanner zum erstenmal 1915 im Opera House ihrer Heimatstadt Indianapolis. Die von ihr geschilderte Szene,in der der Polizeichef ihrer Heimatstadt den Auftritt der Duncan auf offener Bühne observierte, um bei einer etwaigen obszönen Bewegung der Tänzerin sofort einschreiten zu können, ist durch sie verbürgt. Wenige Monate vor ihrem Tod besuchte die Duncan Flanner in ihrem Pariser Hotel. An anderer Stelle beschreibt sie amüsiert, wie Isadora bei dieser Gelegenheit alle anwesenden Gäste des Hotels, auf Janets Kosten freihielt.

Silvia Beach, eine der ältesten Pariser Freundinnen der Flanner, deren Buchladen in der Rue de l'Odéon 8, das inoffizielle Wohnzimmer der »Expatriates« war, hat in ihren Erinnerungen Janets Selbstlosigkeit und Hilfsbereitschaft, ein Denkmal gesetzt:

»Stets war Janet Flanner gerade auf dem Weg nach London oder nach Rom oder in sonst irgendeine Stadt, wohin ihre Tätigkeit als Reiseschriftstellerin sie eben verschlug. Sie arbeitete ungeheuer viel, aber immer, das kann ich bezeugen, fand sie Zeit, sich um die verschiedensten Leute zu kümmern. Als eine kleine Gegengabe für eine ihrer Gefälligkeiten schenkte ich ihr ein Exemplar des »Ulysses« mit ein paar handgeschriebenen Zeilen des Autors darin. Einige Jahre später stieg alles, was von Joyce kam, sehr im Wert, und nun fragte sie mich, ob ich etwas dagegen hätte, wenn sie ihr Exemplar einer berühmten Bibliothek verkaufe – mir, nicht ihr, sollte der Erlös zukommen. Das war echt Janet Flanner«.

Die aufopfernde Selbstlosigkeit, frei von Konkurrenzneid und Mißgunst, war ein gemeinsames Merkmal fast aller Pariser Freundinnen von Janet Flanner. Margaret Anderson und Sylvia Beach wagten, »was sich kein Mann getraute«, nämlich, James Joyces bahnbrechenden »Ulysses« gegen alle Widrigkeiten zu veröffentlichen, was ihnen dieser offensichtlich nicht sonderlich dankte.

Im Mittelpunkt vieler Portraits von Janet Flanner stehen amerikanische Frauen, die die Hoffnung auf freiere Arbeits-

und Lebensbedingungen nach Europa getrieben hatte; die Gründe für die Atlantiküberquerung in entgegengesetzter Richtung des einzigen Mannes dieser Portraitsammlung waren nicht gänzlich anderer Natur, aber der Amerikaaufenthalt des Großmeisters »europäischer grandezza« war unfreiwillig, die Nationalsozialisten hatten ihn und seine Familie 1936 gewaltsam ausgebürgert.

Für einen großen Teil der amerikanischen Öffentlichkeit war Thomas Mann die Inkarnation des europäischen Bildungsbürgers, der hier zum Zentrum der kulturellen Anti-Hitler-Bewegung geworden war, eine verstaubte Gipsbüste, herausgeschleudert aus dem brennenden Europa an die ferne Pazifikküste. Eben ein Goethe in Hollywood. Wenige Tage nach der deutschen Kriegserklärung an die U.S.A. versuchte Janet Flanner, jenseits der kultischen Thomas-Mann-Verehrung, ihren unter Kriegsschock stehenden Landsleuten die komplexe Widersprüchlichkeit deutscher Kultur anhand von Thomas Manns intellektueller Entwicklung zu verdeutlichen. Sie schildert das Leben der Familie Mann in Hollywood mit Witz und Sympathie. Der intellektuelle Kosmos des deutschen Großbürgers, »den allein die Tragödie des Exils zwang, zeitgemäß zu sein«, war ihr aber, wie sie später zugab, »wenig vertraut«.

Thomas Mann nannte dieses Portrait in einer Tagebucheintragung vom Weihnachtsabend des Jahres 1941 »rücksichtslos verklatscht«. Verärgert vor allem über Flanners Darstellung seiner amerikanischen Förderinnen als »blaustrümpfig und untereinander eifersüchtig«, bezeichnete Thomas Mann in einem Brief an eine der Karikierten, die amerikanische Publizistin Agnes Meyer, das Portrait als »nichtsnutzes Machwerk«. Die ironische Darstellung seiner Hilflosigkeit im Umgang mit der amerikanischen Öffentlichkeit wie der komischen Regularien seiner Privataudienzen und seiner kauzigen Steifheit, hatten ihn offenbar tief gekränkt. Thomas Manns Tochter Erika, die mit der amerikanischen Kultur wesentlich enger vertraut war als ihr Vater, wie auch die Poetin Carson McCullers, verteidigten aber mit Nachdruck dieses Portrait.

Janet Flanner entziffert das »Legendäre« in ihren Frauenbiographien als Summe harter, nüchterner und unspektakulärer Arbeit, deren Kraft sich aus dem unbedingten Willen dieser Frauen speiste, den Sprung ins Unbekannte zu wagen. Mit buchhalterischer Akribie hält sie die Lebensstationen von Frauen wie Bette Davis oder Cheryl Crawford fest, Frauen, die ebenso wie Janet Flanner zu glauben wagten, »daß Weiblichkeit mehr sei als Ausgeschlossensein aus dieser Welt«.

Geschrieben über den Zeitraum eines halben Jahrhunderts, für den Tagesbedarf bestimmt, zeichnen diese Portraits radikale Selbstentwürfe von Frauen nach, die die Versprechungen unseres Jahrhunderts beim Wort nahmen.

Klaus Blanc

Bildnachweis:

S. 6: Roger-Viollet, Paris
S. 18: Archiv für Kunst und Geschichte, Berlin
S. 20: Ullstein Bilderdienst, Berlin
S. 22: Aus *Marlene Dietrich. Chronik eines Lebens in Bildern und Dokumenten,* München 1989 (Nymphenburger)
S. 24, 26: Ullstein Bilderdienst, Berlin
S. 28: Roger-Viollet, Paris
S. 32: Bildarchiv Preussischer Kulturbesitz, Berlin
S. 36, 39: Roger-Viollet, Paris
S. 40, 51: Aus *Edith Wharton, A Backward Glance,* New York 1964 (Charles Scribner's Sons)
S. 52: Archiv für Kunst und Geschichte, Berlin
S. 61: Ullstein Bilderdienst, Berlin
S. 89: Archiv für Kunst und Geschichte, Berlin
S. 94, 103, 113, 115: Aus *Alexander Walker, Bette Davis,* London 1986 (Conundrum Ltd)
S. 116: Aus *Wendy Smith, Real Life Drama. The Group Theatre and America 1931-1940,* New York 1990 (Alfred Knopf)
S. 140: Berenice Abbott
S. 145: Aus *Sylvia Beach, Treffpunkt – Ein Buchladen in Paris,* München o.J. (Paul List)
S. 152: Berenice Abbott
S. 174: Aus *Staying on Alone. Letters of Alice B. Toklas,* New York 1973 (Liveright)
S. 189: Aus *Brenda Wineapple, Genêt. A Biography of Janet Flanner,* New York 1989 (Ticknor & Fields)

Erste Auflage 1993
Erstes bis fünftes Tausend

Umschlag: Michel Keller, München, unter Verwendung
eines Fotos von Berenice Abbott
Satz: Frese, München
Druck & Bindung: Spiegel, Ulm
ISBN 3-88897-078-4